すごい準備

誰でもできるけど、
誰もやっていない
成功のコツ！

アスコム

栗原 甚

はじめに

あなたは、『すごい準備』という本のタイトルを見て、どんなことを考えましたか？

「準備って、そんなに大事なの？」
「準備って、地味で面倒くさそう」
「すごい準備って、何をするの？」

など、いろいろな感想を持ったと思います。

もしかしたら
「準備なんて必要ないよ」
「準備なんかしなくても、うまくいくよ」

と思った方も多いかもしれません。

しかし、僕は**「準備ほど大事なものはない」**と考えています。
その理由は、ほとんどの仕事で「準備」と同じ意味の言葉が使われているからです。

・**テレビ業界**では、**「事前下見」**と**「下調べ」**は欠かせません。
・**料理人**の世界には、**「仕込み」**や**「下ごしらえ」**という言葉があります。
・**建築会社**では、建築予定の場所を、入念に**「事前調査」**します。
・**航空会社**では、出発前に**「ブリーフィング」**という緻密な**「事前打合せ」**をします。

ある名店の寿司職人は、**「寿司は、準備が8割」**と語っていました。
別の有名な職人さんは、**「本番3割、だんどり7割」**という名言を残しています。

これは、良い仕事をするためには、いかに「準備」が必要かを表現した言葉です。

極端なことを言うと、僕は**「準備が9割」**を占めるとさえ思っています。

たとえば、次のような人が、あなたの周囲にいませんか？

- **上司に承認をもらいたいのに、「準備不足」であえなく撃沈……。**
- **競合プレゼンで「準備不足」のため、ライバル会社に負ける……。**
- **交渉相手に「準備不足」を指摘されて、契約解除される事態に……。**

プライベートであれば、失敗しても、笑って済ませば良いかもしれません。

しかし、仕事の場合は、取り返しのつかない大失敗をすると、**会社での信頼をなくします。**

さらに、**出世のチャンスを逃してしまう**可能性もあります。

「準備不足」は、「最悪の結果」を招いてしまうのです。

なぜ、ちゃんと準備をしなかったのか？

理由は……「忙しかった」「時間がなかった」「面倒だった」など、いろいろあるはず。

でも、そんな人に朗報です。

本書『すごい準備』は、そんなに時間がかかりませんし、面倒でもありません。遠足の前日に、ワクワクしながら「準備」をするイメージです。

この本を手にした、あなたは……ラッキーです。
今までの残念な結果とは、サヨナラしましょう。

この本でご紹介するのは、実際に僕自身が経験し、仕事やプライベートでトライ&エラーを繰り返して、身につけたメソッドなので、自信をもって言えます。

仕事でも恋愛でも、ちょっとした「準備」のコツさえ掴めば、「最高の結果」を手に入れることができます。

「最高の結果」を手に入れる準備とは？

僕は、日本テレビで25年以上にわたって、テレビ番組を作ってきました。いまも番組制作の先頭に立って、現役バリバリです。

プロデューサーというと、肩からセーターをかけて、手にはクラッチバッグ。人気タレントに会うと「○○ちゃん、元気ぃ～？　今度、ギロッポンで、シースーでも食べに行こうよ」とギョーカイ用語でしゃべる人だと、いまだに思われていますが……まったく違います（笑）。

プロデューサーという仕事は、簡単に言うと「なんでも屋」。

・タレントのスケジュールを調整して、番組に出演してもらう
・取材したい店を口説いて、撮影許可をもらう
・街中のロケで、通行人にインタビューの出演交渉をする
・クライアントに企画をプレゼンして、提供スポンサーになってもらう
・制作費を管理して、出演者のギャラ交渉をする

右記のひとつでも成立しないと、番組は放送できません。

つまり、**ひとつの番組を作るために、内容・予算・スケジュール・危機管理など「準備」といわれる、あらゆる「交渉」をする人**です。だから、むずかしい交渉の場合は、ときには時間をかけて、ときには何度も足を運び、交渉相手を口説き落とさなければなりません。そういう意味では、**「交渉のプロ」**です。

これを読んだあなたは、「自分とは、まったく違う仕事をしている」とか「自分の日常には、そんな場面はない」という理由で、自分には関係のない話だと思うかもしれません。

でも、そうじゃないんです。

僕がやっていることは**「相手に〝自分の思い・考え〟を伝えて、自分が望む最高の結果を手に入れる」**という準備です。

コレって、あなたの生活のなかでも、日々行われている、とても重要なことですよね。

たとえば、次のような良い結果が得られるとしたら、嬉しいと思いませんか？

〈良い結果〉

■恋愛「好きな相手」に、思いを伝える↓付き合える、結婚できる

■仕事「上司・同僚」に、考えを伝える↓仕事の成績が上がる、やりたい仕事ができる

■家庭「夫・妻・親」に、思いを伝える↓家庭が円満になる、家庭での立場が良くなる
お小遣いがアップする、欲しい物が買える

■人間関係「友達・仲間」に、考えを伝える↓より仲良くなれる、絆が深まる

恋愛、仕事、家庭、友達や仲間との人間関係のなかでも、「〝自分の思い・考え〟を、相手にしっかり伝えること」ができれば、こんなに良い結果を得られるのです。

この本の**『すごい準備』とは、まさに、僕が仕事で培った「相手の心を動かす技術」**です。

一度この技術を身につけてしまえば、相手に自分の思いを伝えて**「自分が望んでいる最高の結果」を得られる最短ルート**だということが、わかってもらえるはずです。

このことを知り合いに話したところ、「ぜひ、その経験をメソッド化して、たくさんの人に読んでもらいましょう」という話になり、執筆したのが、本書『すごい準備』です。

自分のなかでは無意識に、ただがむしゃらにやってきたことばかりでしたが、執筆することによって、僕自身が、改めてたくさんのことに気づかされました。本書は、**仕事はもちろん、恋愛や人間関係のさまざまな場面で、応用できるものばかり**です。

「準備」とは、ワクワクするものです

「準備」は面倒くさいもので、イヤイヤやらされるものという印象があるかもしれません。しかし「準備」の先には、「楽しいこと」や「素敵なこと」が待っているのです。

旅行の準備を思い浮かべてください。スーツケースに荷物を詰めているときって、ワクワクしますよね。準備不足で「忘れもの」をしたりすると、「余計な出費」が増えたり慌てたりして、楽しい気分も台無し……。**事前に、現地のおいしいお店・お得な情報・観光スポットなどを調べておけば、限られた時間のなかで、最大限に楽しむことができます。**

本書『すごい準備』も、これと同じです。**仕事でもプライベートでも「自分の思いが相手に伝わり、望み通りの結果を手に入れられる」ようになれば、人生は、どんどん前向きに、楽しい方向に変わっていきます。**

人気漫画『スラムダンク』で**「リバウンドを制する者は、試合《ゲーム》を制す」**という名言がありま

した。まさに、本書『すごい準備』は、こう言えます。

「準備を制する者は、人生を制す」

僕は、**サッカーの本田圭佑選手**を尊敬しています。

現役のプロサッカー選手でありながら、カンボジア代表の実質的な監督まで務め、さらに、投資家であり、起業家でもある。ハリウッドスターのウィル・スミス氏と投資ファンドを設立したり、ベンチャー企業へ出資するなど、**次々と世界初の挑戦**をしています。

彼は、つねに自分がやるべき目標を立て、そのゴールに向かって邁進している。

本田選手と話をしていると、**つねに近い将来のビジョン＝未来予想図を頭のなかでイメージしながら、その目標に向かって具体的な行動をしている**ことが、よくわかります。

本田選手は、よく「持ってる男」と言われますが、単純に「強運」だけでは、結果は残せません。しかも途中出場した試合でも、訪れたワンチャンスを逃さずに、きっちりと決めます。

「すごい準備」が、不可能を可能にしてくれる

サッカーワールドカップという大舞台で、３大会連続ゴールという結果を残すことができたのは、あらゆる場面を想定して「準備」をしていたからです。つまり、ゴールから逆算して、周到な「準備」をしているのです。

人が一日に与えられている時間は、みな同じ24時間。しかし彼は、普通の人の３倍も４倍も動いて、多方面で活躍しています。それは、常に入念な「準備」をしているからです。

本田選手のように、**世の中で結果を残している人のほとんどは、「準備」をしている人**だと思います。

「すごい準備」には、人生を変えるチカラがある

海外では、小学校から「プレゼン」の授業があります。日本の学校では、そういう世の中で役立つような実践的な授業は、ほとんどありません。

しかし、このような授業が一番、世の中に出ると必要な知識で、誰もが知りたいことです。

この本は、**あなたが、今まで困っていた「相手の心を動かす技術」をテーマにした実践的なコミュニケーション本**です。つまり、実生活に応用できる「普遍的な方法論」です。

タイトルは『すごい準備』ですが、ただのマニュアル本ではありません。**ビジネスマンから主婦や学生まで、どんな職種・立場の人にでも役立ちます。**なぜなら、コミュニケーションの本質に迫っている方法論だからです。読み進めていくと、**「伝え方」や「交渉」の本質が理解できる**はずです。

今までコミュニケーションについて書かれた本は、たくさん出版されてきました。しかし、どれも上辺だけの伝え方やテクニックばかり。ビジネス本も自己啓発本も、「交渉」における精神論が多く、具体的なエピソードや方法論が書かれた本は、ありませんでした。

そのため本書では方法論に加えて、テレビ制作を通して、僕が経験した具体的なエピソードも掲載しました。テレビ好きな人も、そうでない人も、テレビ業界の裏側が垣間見える読み物として十分に楽しむことができると思います。

この本は、今日からすぐに使えます。準備のための時間が十分にあるときはもちろん、極端に準備期間が少ないときにも使えます。**「最高の結果」につながる『すごい準備』をする方法を誰でも実践できるように書いた、日本で唯一の実用書**です。

読んで実践すれば、確実に、あなたの「人生最強の武器」になります。ボロボロになるまで持ち歩いて、時間のあるときに、ぜひ読んでいただけると嬉しいです。

この本を読んだあなたが、『すごい準備』のチカラを身につけて、新しい自分と素晴らしい人生を手に入れることを願っています。

さあ、ここまで読んでヤル気が出てきた人は、「Ready Go!」（準備は完了）です。

それでは早速、素晴らしき「準備」の世界へ行ってみましょう！

「準備こそが、
成功のカギである。」

アレキサンダー・グラハム・ベル
（科学者）

19世紀に活躍したスコットランドの科学者、発明家。世界で初めて実用的電話機を発明したことで知られる。

第2章 「相手の気持ちを動かす」技術 その2

第3章 相手の気持ちを動かす『すごい準備』基本編

① 1冊のノートで人生が変わる！「準備ノート」のつくり方
② 交渉の「仮想やりとり」シミュレーションを【見える化】…129

第4章

相手の気持ちを動かす『すごい準備』応用編

本書の読み方

本書は、『すごい準備』についての【メソッド】と【エピソード】という２種類のブロックを、交互に構成しています。

【メソッド】の前半では、「準備ノート」のつくり方や「口説きの戦略図」を駆使した見える化。後半では、交渉がうまくいくための【99％断られない㊙8つの法則】を解説しています。

【エピソード】は、実際に仕事で経験した「リアル・ドキュメント」を文章化したものです。「準備ノート」を駆使し、実践した結果、難しいハードルを乗り越えることができた【具体的な成功体験】は読むだけで、なにか「発想のヒント」を得られると思います。

「とにかく方法論を習得したい」という方は、【メソッド】だけを一気に読むことをオススメします。

「テレビの制作㊙舞台裏を知りたい」という方は、【エピソード】だけを読んでも、十分に楽しむことができます。

あなたの仕事はもちろん、恋愛や人間関係など、さまざまな実生活の場面で応用できるものばかりです。

『すごい準備』という【最強の武器】を身につけて、“新しい自分”と“素晴らしい人生”を手に入れることを願っています。

第1章

「相手の気持ちを動かす」技術 その1

成功のカギは【PDCA】サイクルではなく【RPD】サイクルの「R」!

「相手の気持ち」を動かす技術

あなたなら、大物社長をどうやって口説きますか？

はじめて自分の企画書が通り、はじめて立ち上げた番組……それが『**¥マネーの虎**』。**「虎」と呼ばれる5人の社長が、「アカの他人」に身銭を切って投資する【現金投資】**番組です。

それ以降もたくさんの番組を作ってきましたが、正直、『¥マネーの虎』以上に、立ち上げが苦労した番組は、あとにも先にもありません。

とくに苦労したのは、この番組に出演してもらうための【社長探し】です。

「お金を投資してください！　でも失敗したら、お金が戻ってこない可能性もあります……」

というのはテレビ局としても前代未聞の企画でしたが、社長にとっても、とんでもない企画。

いま考えても、大金を投資する社長にとっては、ハイリスクな番組でした。

もしゴールデンタイムの番組であれば、予算も潤沢にあるので、高額な出演料を支払えます。もし支払えれば、出演してくれるかもしれません。しかし、土曜の深夜1時からはじまる番組は、ハッキリ言って、低予算です。番組スタッフも、手弁当で参加しているような番組。予算なんて、あってないようなものです。

そんな【前代未聞の番組】に出演してもらえた理由とは？

ビジネスの世界では、**【PDCAサイクル】**という言葉が、よく使われます。それに対して、この本で提案したいのは、**【RPDサイクル】**です。

その前に、まずは、PDCAサイクルをご説明しましょう。

PDCAとは、P（計画する）D（実行する）C（評価する）A（改善する）の頭文字をとったものです。

簡単に説明すると、ある目標に向けて、Pで「計画」を立て、Dでその計画を「実行」して、Cでその結果を「評価」して、Aで「改善」点をあげて、次のP「計画」に活かします。

このような4段階を、繰り返していく仕組みです。

ＰＤＣＡは、もともと工場で、継続的に品質の向上を目指すための生産管理サイクルでした。その後、ビジネスマンが業務を遂行するうえで、ＰＤＣＡサイクルを使ってプロジェクトを進めたり、仕事の効率を上げたり、企業の業績を伸ばすための手法としても採用されました。

ＰＤＣＡは、ビジネスの世界だけではなく、日常生活のなかで、自分の生活習慣などを改善するためにも利用できる、と言われています。

たとえば、「ユーチューバー」を例にして、ＰＤＣＡサイクルを解説しましょう。

仮に「YouTubeのチャンネル登録者数を増やす」という目標を設定したとします。

その目標を達成するために、「毎日、動画を1本ずつ作ってアップする」という計画（Plan）を立てて、実際に「毎日、1本ずつ動画をアップする」という計画を実行（Do）します。

そのあと「チャンネル登録者数が増えたかどうか」を評価（Check）して、登録者数が増えていなければ「なぜ増えなかったのか？」を検討して、改善（Action）します。具体的な反省点を生かして、次のＰＤＣＡを繰り返す、といったサイクルです。

一般的なPDCAサイクル

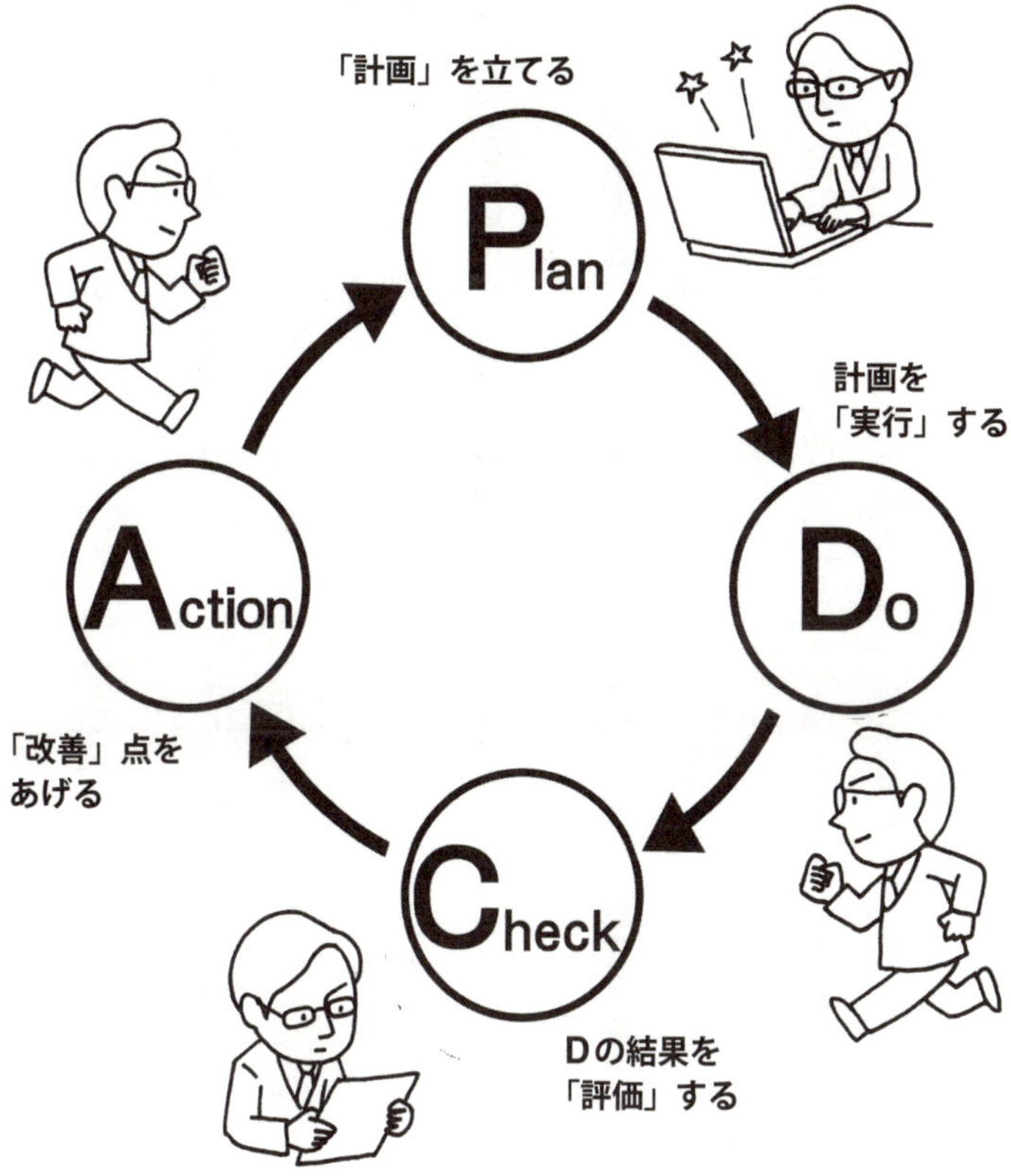

～継続的に「品質の向上」をめざすための最適な方法論～

ＰＤＣＡサイクルは有名なビジネス用語で、世界中で使われています。しかし僕は、仕事における「交渉」という大事な場面では使えない、と考えています。

なぜなら**「交渉」には、Ｐの計画（Plan）より前に、Ｒという入念な「準備」（Ready）が必要**だからです。さらに、「交渉」は一度失敗してしまうと、Ｃ評価（Check）やＡ改善（Action）をしたとしても、もう一度チャンスはまわってきにくいのです。

そこで、僕が提案したいのが、**【ＲＰＤサイクル】**です。

ＲＰＤとは、Ｒ（準備する）Ｐ（計画する）Ｄ（実行する）の頭文字をとったものです。言葉を聞くと、むずかしく感じるかもしれませんが、いたって簡単です。

ある目標に向けて、Ｒで「準備」を徹底的にしてから、Ｐで「計画」を立て、Ｄでその計画を「実行」する、というシンプルな３段階を繰り返していく仕組みです。

本書が提案するRPDサイクル

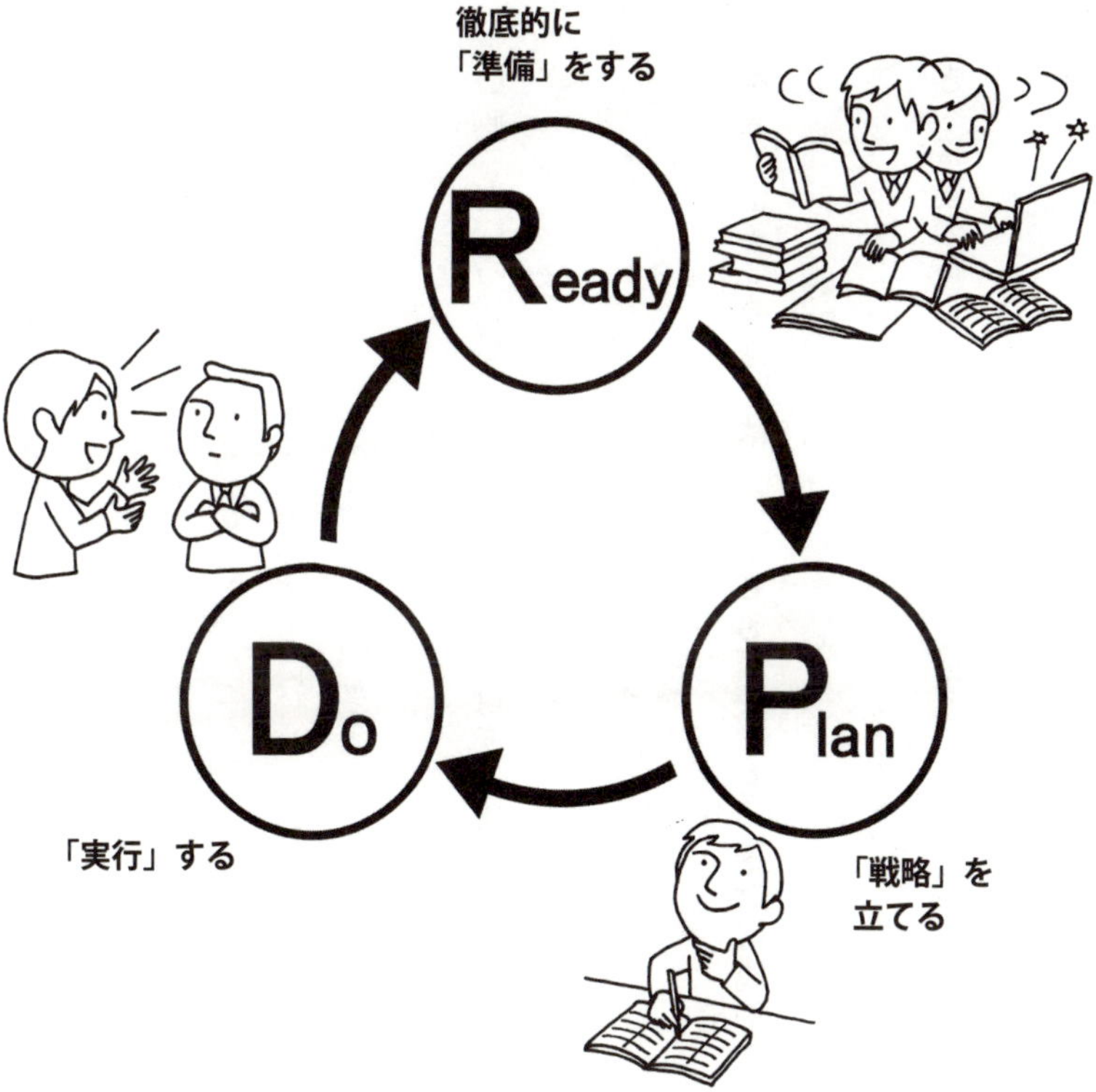

～自分が望んでいる「最高の結果」を手に入れるためのベストな方法論～

「RPDサイクルをまわす」ことができれば、たいていのことは実現できます。もちろん、ほとんどの「交渉」が成功します。

もしかしたら最初は、むずかしいと思うかもしれませんが、一度このやり方を身につけてしまえば、「自分の思いを相手に伝えることができて、自分が望んでいる最高の結果を得られる」最短ルートだということが、わかってもらえると思います。

ちなみに僕は「計画」という言葉が、あまり好きではありません。それは「夏休みの計画」を連想するからです。なんとなくですが「夏休みの計画」と聞くと、あくまでも計画なので、その計画を達成できなくても良い、というイメージがありませんか？

しかし**あなたが抱えている「交渉」は、仕事でも恋愛でも、絶対に成功させたいものです。**だから本書では、「計画」を**「戦略」**という言葉に置き換えます。

「戦略」というと、グッとやる気がわいてきて、なんだかミッションを成功させたくなりますよね。言葉の響きや言葉の持つイメージで、人は積極的になったり、消極的になったりするものです。

Pの「計画」を「戦略」に置き換えると、**ＲＰＤサイクルは、「最強のコミュニケーション・ツール」になります。まさに、あなたの人生において「最強の武器」になるはずです。**

ぜひ、実践してみてください。

それでは早速、第２章で「最強の武器」を実践するための具体的な方法をご紹介します。

「幸運の女神は、準備されたところにやってくる。」

ルイ・パスツール（化学者）

フランスの化学者、細菌学者。炭疽菌や狂犬病のワクチンを発明。ドイツのロベルト・コッホとともに「近代細菌学の祖」と呼ばれている。

エピソード 1

テレビ業界の豪快㊙差し入れ伝説

ドラマの撮影現場に、今日も「差し入れ」が舞い込む。ちょっとした「差し入れ」ひとつで、その場がパッと明るくなり、会話が生まれる。しかも、あとあとまで記憶に残る。

差し入れは、【最高の結果】を導くための「準備」のひとつである。

「どんな差し入れをすると、喜ばれますか？」

僕は『Yahoo!ライフマガジン』というサイトで、テレビ業界のグルメ情報を扱ったコラムを連載している。

そのためか、よく次のような相談を受ける。

・「お世話になっている方」に、**気の利いたモノ**を買っていきたいんだけど……
・「お得意先」には、**どんなお菓子**を持っていけば喜ばれる？
・「主婦友」の集まりで、食べ物を持ち寄るので、**素敵な差し入れ**はない？
・「親戚」や「義理の両親」と会うので、**ちょっとした手みやげ**を持って行きたいんだけど

……などなど。

これからご紹介するエピソードは、そんな「差し入れ」や「手みやげ」が、その場の雰囲気を良くしたり、相手から良い印象を持ってもらえることに成功したものばかり。普段、生活のなかで、**誰もが抱える悩みを解決してくれる**はずなので、ぜひ参考にしていただきたい。

粋な「差し入れ」が現場を盛り上げる

そもそも**テレビ業界の「差し入れ」とは、ドラマ特有の文化である。**

バラエティー番組に「差し入れ」の文化はない。なぜなら、バラエティー番組の収録は隔週で、1回2時間くらいで終わってしまうからだ。

一方、ドラマの撮影は、朝から晩までの長丁場。しかもクランクインすると、ほぼ毎日撮影があるので、出演者やスタッフをねぎらうため、関係各所からさまざまな「差し入れ」が持ち込まれる。

いわゆる「陣中見舞い」と呼ばれるものが、「差し入れ」だ。

「陣中」には「戦場」という意味がある。つまり「陣中見舞い」とは、選挙や受験、試合や公演など大きなイベントに向けて挑戦し、がんばっている人たちに対して、激励の気持ちを込めて「贈る物」や、成功を願って元気づけるための「訪問」のことをいう。

だから差し入れがあると、番組スタッフは景気づけのために手書きで張り紙を作る。そして「□□さんから差し入れをいただきました〜！」と大声でアナウンスするのが慣例だ。

テレビ業界にはグルメな方が多いので、安くて美味しい、しかも粋《いき》な「差し入れ」がたくさん持ち込まれる。

なかでも有名なのが、**油揚げが裏返してある「おつな寿司」のお稲荷《いなり》さん。**

テレビ業界では**「裏《ウラ》を食う＝裏《ウラ》番組をやっつける」という意味合い（＝願掛け）**で、差し入れされることが多い人気の品だ。

一般の方にとっては、普通の「お稲荷さん」に見えるかもしれないが、実は、テレビマンにとっては、ゲンを担いだ「縁起物」の食べ物なのだ。だからコレが現場に差し入れされると、関係者一同が活気づく。

その他にも、スペシャルドラマ『天才バカボン』の撮影中には、こんな面白い「差し入れ」があった。

バカボンの衣裳と同じ「渦巻《うずま》き模様」が入っているお菓子。
編成局長からの粋な「差し入れ」だ。この手のシャレが利いた「差し入れ」は笑いを生み、現場をなごませる効果もあるので、大変喜ばれる。

特に、局長や局次長クラスになると、毎回「さすが！」と思わせる「差し入れ」をしてくれるものだ。

このように、**ちょっとした「差し入れ」ひとつで、その場がパッと明るくなり、会話が生まれる。しかも、あとあとまで記憶に残る。**

「差し入れ」って、凄い存在だ。

主演俳優の「差し入れ」は、味も値段もケタ違い

ドラマに出演する人気俳優たちは、数々の豪快な「差し入れ」伝説を残している。俳優さんは、とにかく現場のスタッフが喜ぶ人気の「差し入れ」を知り尽くしているのだ。

定番は、箸で切れるとんかつで有名な「まい泉」のかつサンド。美味しいのは、もちろんのこと、作業の合間に、一口で食べられるのが人気の秘密だ。

甘いものでは、しっとりした食感が人気の「治一郎」のバウムクーヘン。パサパサしていないので、飲み物がなくても食べられるから驚きだ。

テレビ業界で有名なのは、中居くんの「差し入れ」だ。毎年、レギュラー番組の年明け一発目の収録では、キャスト&スタッフ総勢100人に「高級弁当」が振る舞われる。番組プロデューサーとしては、収録の弁当代が浮くので、とても助かる(笑)。

しかも、お寿司や焼肉などの高級弁当なので、番組が注文する弁当に比べて格段に味が良く、スタッフのモチベーションも上がる。これは中居くんのレギュラー番組では、毎年恒例の

嬉しい行事になっている。

ドラマでは撮影現場を盛り上げるために、とくに主演俳優が豪華な「差し入れ」をしてくれる。**最近「差し入れの女王」という異名を持つのが『ドクターX』の米倉涼子さんだ。**なんと5000円もする「高級焼肉弁当」を100人分も差し入れし、Yahoo!トピックスに載ったほどである。

ドラマ業界で伝説になっているのが、**女優・中谷美紀さんの「特上うな重」だ。**

普通「うな重」を差し入れされただけでもテンションが上がるが、中谷さんのうな重は次元が違う。「ごはん」「のり」「ごはん」「のり」と二段重ねされているのり弁を想像してほしい。なんと中谷美紀さんの特上うな重は、のり弁のように「ごはん」「うなぎ」「ごはん」「うなぎ」と、うなぎが二段重ねになっているというのだ。

この話を聞いたとき僕は、びっくりした。

と同時に、ぜひお仕事をご一緒したいと思った（笑）。

お店が特別出張する〝ケータリング形式〟も！

この他にも、ドラマの撮影現場では、豪快で、素敵な「差し入れ」伝説が多い。

今まで数多くのドラマに主演する人気俳優は、さすがとしか言いようがない「差し入れ」を振る舞う。**なんと有名ラーメン店に、撮影現場まで特別出張してもらい〝一夜限りのラーメン屋台〟を構えて、スタッフをもてなすのだ。**

冬場に撮影するドラマの外ロケは、寒くてとてもツラい。だから、カラダが芯から温まるものが食べたくなる。そんなとき、ラーメンは最高だ。

また夏の暑い時期に撮影している時は、**好きな飲み物を自由に注文できる〝ドリンク屋台〟を撮影現場に呼んでくれる主演俳優もいる。**

『天才バカボン』の主演・上田晋也さんも、現場のスタッフが気持ち良く撮影できる環境作りのために、いろいろな「差し入れ」をしてくれた。

僕が度肝を抜かれたのは、昼食のときに**「牛丼の松屋」**がやってきたことだ。

しかも出張してきたのは、**なんと関東に2台しかない「松屋」のケータリングカー。とても貴重な特別厨房車が生田スタジオに横づけされたのは、日本テレビの開局以来初の出来事だった。**

牛丼やカレーライスなど、好きな物を好きなだけ選べるようになっていて、注文すると、その場で店員さんが作ってくれる。温かい牛めしに豚汁まで付いたスペシャルランチで、スタッフのテンションが最高潮になったことは言うまでもない。

このように、主演俳優の「差し入れ」は、スタッフにとっては気遣いも含めて、とても嬉しいものなのだ。

費用は自腹！　総額は……数百万円!?

「差し入れ」は、高価なものが多い。しかも用意する数も多いので、おのずと高額になってしまう。とくに主演俳優は、関係者全員にいきわたる量を買わなければならないので大変だ。

「どうせ、事務所がお金を払っているんでしょ？」

読者の中には、こう思っている人も多いはずだ。でも、実際のところは違う。**「差し入れ」とは、昔から、俳優さんが自腹を切って持ち込むものだ。**所属事務所はまったく関係ない。つまり、俳優さんが自分のお財布から払っているわけで、事務所は1円も払っていない。コレは、芸能界に伝わる古くからの風習らしい。

ということは、主演の上田晋也さんは、毎回『天才バカボン』をやるたびに貯金を使い、今まで数百万円もの自腹を切っている計算になる。僕は「これでいいのだ！」ではなく「う〜ん、これでいいのか!?」と思う今日この頃である……。

ここまで読んできた方は、「差し入れは、単なる食べものではない」ということが理解できたと思う。

俳優さんからの「気持ちがこもった差し入れ」は、現場の雰囲気を良くしたり、スタッフや関係者のテンションを上げる効果がある。つまり、**差し入れという名の「素敵なアイテム」は、俳優さんにとって、最高の結果を導くための「準備」のひとつなのかもしれない。**

この「差し入れ」というアイテムは、読者にとっても仕事やプライベートで、とても参考になるはずだ。しかし一般的には、数万円もするような豪勢な差し入れは、なかなかできない。つまり頭を使って、アイデアで勝負するしかない。

第2章では、**僕が自腹で買った「値段は安いけど、好評だった差し入れ」㊙ウラ話**をご紹介します。はたして、マツコさんを喜ばせた「差し入れ」とは!?

「成功の秘訣は、なによりもまず、準備すること。」

ヘンリー・フォード

（企業家）

アメリカの企業家、自動車会社フォード・モーターの創設者。流れ作業による大量生産方式を開発し、自動車の普及に大きく貢献したことで知られる。

エピソード 2

中居くんに、世界に一つだけのプレゼント

大事な人への「プレゼント」選びは、慎重になる。とくに誕生日は毎年訪れるので、とても悩むものだ。あなたにも、そんな経験があるはず。これからご紹介するのは**【最高のプレゼント】を贈るために、RPDサイクルのR（Ready）＝「準備」に時間をかけ、東奔西走したエピソードである。**

あなたが、今までにもらった「プレゼント」で一番感動したモノはなんですか？

よく「差し入れ」と同じくらい相談されるのが、「プレゼント」だ。

テレビ局では、日ごろお世話になっている番組ＭＣに、誕生日プレゼントをあげるのが慣例になっている。だからテレビ局のプロデューサーは、番組ＭＣの誕生日が近づくと「今年は、なにをプレゼントすれば良いだろうか……」と悩み、いろいろな人に相談する。**僕が担当していた『踊る！さんま御殿』でも、毎年、明石家さんまさんに誕生日プレゼントを贈っている。**

さんまさんは大のスポーツ好き。サッカー、アメリカンフットボール、バスケットボール、ゴルフなど熱狂的なスポーツファンとして有名だ。そんなわけで、スポーツオタクであれば、誰でもノドから手が出るほど欲しくなる超人気選手の「サイン入りのユニフォーム」や「シリアルナンバー入りの記念グッズ」など、超レアなお宝グッズを毎年贈っている。

日テレでは毎月、高視聴率を獲得した番組が表彰される。その際に、少しばかりだが報奨金がもらえる。これは番組を制作しているスタッフのモチベーションが上がる、とても良い制度である。

報奨金の使い方は、番組によって違う。その月に活躍したスタッフを集めて食事会を開いたり、報奨金を貯めておいて、出演者に謝礼品を贈ったりするなど、番組によってさまざまだ。『踊る！さんま御殿』では、1年間の報奨金を貯めておいて、さんまさんに誕生日プレゼントを贈ることにしている。それには、大きな理由がある。

毎週『踊る！さんま御殿』ではゲストをたくさん招いてはいるが、基本的に、さんまさんのトークだけで勝負できている稀有な番組だ。しかも2018年10月で、なんと22年目を迎えた長寿番組。まぎれもなく、**日テレの視聴率三冠王を支え続けている人気番組である。つまり、さんまさんは功労者。誕生日プレゼントを贈るだけでは、正直、感謝してもしきれない。**

このように、各レギュラー番組では番組MCに日ごろの感謝を込めて、誕生日を祝う。

僕には、この他にも『さんま&SMAP 美女と野獣のクリスマスSP』をはじめ、多くのスペシャル番組で、大変お世話になっているタレントさんがいる。

それは、**中居くんだ。**

毎年お世話になっているので、個人的に誕生日プレゼントを贈っている。だから、他のプロデューサーと同じように、僕も「今年は、なにを贈れば良いかな？」と悩む。

中居くんは、各局でレギュラー番組を持っている売れっ子だ。だから毎年、いろいろな番組から誕生日プレゼントをもらっている。そんな**中居くんに、なにを贈れば喜ばれるだろうか？**

「差し入れ」同様に、当然「プレゼント」もセンスが問われる。だから、とても難しい。

相手の印象に残るプレゼントとは？

プレゼントは、僕が個人的に贈るので予算は決して多くはない。さんまさんへのプレゼントのような報奨金はないので、むしろ少ない。

しかし毎年、他番組や他局のスタッフから、

「栗原さんからのプレゼントの話、聞きましたよ〜」

「■■をプレゼントするなんて、センスいいですね～」

などと言われるので、たぶん、本人は喜んでくれているようだ。

というわけで毎年、試行錯誤し悩み抜いてきたので、プレゼント選びには自信を持っている。「これは、ウケるに違いない！」と自信満々で贈ったプレゼントが、いくつもある。

ここで大事なのは「喜ぶ顔が見たい！」ではなく、「ウケる！」というポイントを重視して選ぶことだ。

人は、笑ったり泣いたりしたことは忘れない

少しでも感情を揺さぶられた出来事は、印象に残る。つまり、心の奥底に残る。

テレビや映画と同じだ。とにかく腹を抱えて笑ったり、号泣したりした作品は、何年経っても覚えている。その人にとって、忘れられない思い出になるからだ。僕はプレゼントで、泣かせようとは思ってない。毎回「笑い」を追求し、ウケを狙っているのだ。

これまで僕が中居くんに贈ったプレゼントは、食べたり使ったりすると、無くなってしまう「消え物系」ではない。だから、誰か友だちにあげたりしない限り、家のどこかに置いてあるはずだ。それを見たときに、中居くんにクスッと笑ってもらえたら本望だ。そんな「ウケ狙い」の観点で、いつも僕はプレゼントを選んでいる。

そんな僕が数年前に贈った、とっておきのプレゼントとは……**「起き上がり小坊師」**だ。

なぜコレを贈ろうかと考えたのには、いくつか理由がある。
ひとつは、中居くんが42歳の誕生日だったからだ。男性にとっての42歳は、厄年。

僕は、中居くんよりも年上なので、数年前に厄年を経験した。周囲から「厄払いしたの？」「厄落としは、行ったほうがいいよ」と言われていたが、年末年始は忙しいし、厄払いなどには、まったく興味がなかったので、結局行かなかった。

すると年明けに、とんでもない災難が次々と起こったのだ。災難は、起きてからでは遅い。あとの祭りで遅すぎる中、「厄年ってハンパない！　厄払いって大事なんだ！」と実感して、急いで厄払いに行ったことを、今でも覚えている……（苦笑）。

「起き上がり小坊師」をご存知だろうか？

起き上がり小法師とは、福島県・会津地方に約４００年以上前から伝わる郷土玩具のひとつだ。西洋梨のような形をしていて、底の部分が丸く、内部におもりを入れてあるため「倒しても、起き上がる」のが特徴だ。

何度倒しても起き上がることから「七転八起」の縁起物として知られている。

会津地方に古くから伝わるもので、地元の人にとって起き上がり小法師は、いわば「お守り」のようなものだ。「無病息災」「家内安全」など、いつも元気で働けるように願う人たちから縁起物として購入されて、家の神棚などに飾られている。また、政治家が選挙の必需品として「必勝祈願」の意味合いを込めて飾る場合も多い。

東日本大震災後には、まさに**復興へ向けて立ち上がろうとしている「東北地方のシンボル」**としても注目された置物だ。

中居くんは震災後、福島県で炊き出しのボランティアをしていたので、そのことも思い出した。そこで**「お守り」的なものとして、「起き上がり小坊師」を贈りたいと考えたのだ。**

でも、普通の「起き上がり小坊師」では面白くない。

昔ながらの「起き上がり小法師」の顔をよく見てみると、ひとつひとつ表情が違う。これらはすべて手作りなので、実は、同じ顔の「起き上がり小法師」はひとつもない。

そこで今回は、せっかくだから職人さんにお願いして特別に作ってもらえないかと考えた。いまでも会津で、ひとつひとつ作っている職人さんによる手作りによるもの。

しかも、**顔は中居くん……世界にひとつしかない「起き上がり小坊師」だ。**

このように、**その人の現状や、その人が持つストーリーに「親和性」があるプレゼントは、一生忘れられないものになる。**

相手の人生と「リンク」する贈り物

プレゼントは決まった。アイデアも良い。では次に、なにをすれば良いだろうか？

ここからは、そのスペシャルプレゼントを作ってもらうために、具体的に動かなければならない。

まずは、昔ながらの手作りで「起き上がり小坊師」を作っている職人さんを探した。

そして、プレゼントの趣旨や内容をつつみ隠さず説明した。こういう場合は、すべて事前にお伝えしておいたほうが良い。


大事なことを隠して、まわりくどく説明しても伝わらないし、良い結果は生まれない。

僕は、コレは中居くんの誕生日プレゼントだということをお伝えし、職人さんにストレートにお願いした。すると、通常はそのような発注には応じていないのだが、今回は、特別に引き受けてくれることに。良かった！　贈りたい気持ちが伝わったのだ。

続いて「起き上がり小坊師」に描く中居くんの顔は、いつも仕事でお世話になっている有名なイラストレーターさんにお願いした。

中居くんのイラストを、昔ながらの「起き上がり小坊師」に合うような繊細なタッチで描いてもらいたい。今回は仕事ではなく、まったくのプライベート。しかし、今回のプレゼントの趣旨を説明したら、彼も快く引き受けてくれた。

すべて「準備」は整った。

あとは最終工程の前に、完成した中居くんのイラストを見本として送り、絵師さんに絵付けしてもらうだけだ。ここまでこだわったので、普通に「商品」として販売できるくらいの高いクオリティーになるはずだ。

年に一度のせっかくの贈り物だから、こだわる所は、とことんこだわりたい。もしかしたら、一生飾ってくれるモノになるかもしれない。

3ヵ月後、中居くんの顔が描かれた「スペシャル起き上がり小坊師」が完成した。

まさに、**世界に一つだけの「起き上がり小坊師」だ。**

贈る相手によって「最高のプレゼント」は違う

その人は、どんな仕事をしているのか？　どんな私生活を送っているのか？

境遇は、一人ひとり違う。

だから、贈る相手によってプレゼントが違ってくるのは、当たり前だ。

思い出に残るプレゼントとは、「普段その人は、何をしているのか？」「最近、どんなことに興味があるのか？」など、いろいろな要素で決まる。**もし同じ年齢・性別だとしても、人によって贈りものは違ってくる。違うからこそ、感動するのだ。**独身か既婚かでも当然違ってくるし、結婚していても夫婦2人の場合と、子どもがいる人とでは違ってくる。

僕がプレゼントを選ぶときに一番大事にしているのは、**その人のプライベートだ。その人の近況や私生活を想像しながら、「なにを贈ったら面白いか？」を考える。**

だから、**最近ひそかにハマっていることやマイブームなどがわかれば、それは大きなヒントになる。**「誰にも言ってないのに、気づいてたの!?」という驚きの気持ちは、そのあと感動に切り替わる。

ちなみに今回、特別に「起き上がり小坊師」を作るために掛かった費用は、大したことはない。数千円だ。

でも、このプレゼントを贈るために、とにかく動いた。その結果、何人もの職人さんが賛同し、関わってくれた。これはお金には換算できないくらい、価値のある贈り物になった。

職人さんが汗をかいてくれたおかげで、世界に一つだけの「スペシャル誕生日プレゼント」が完成したのだ。

そんなストーリーはあえて本人には伝えていないが、受け取ったときに、なにか感じてくれたはずだ。

「将来は、準備した者の手の内にある。」

ラルフ・ワルド・エマーソン（思想家）

アメリカの思想家、哲学者、宗教家、作家、詩人。その独自の思想は、日本では福沢諭吉や宮沢賢治など、古今東西の思想家や文学者に影響を与えた。

すぐに使える！『すごい準備』【逆転の発想㊙買い物術】

あなたは、スーパーマーケットに行くと、どこの売り場からまわりますか？

普通は、入り口すぐに「野菜」売り場があって、その隣りには「果物」売り場。奥に行くと「お肉」売り場、さらに先には「お魚」売り場があるものです。だから大抵は、そのルートで買い物をしながらまわると思います。

僕は違います。スーパーの入り口を抜けると、まずは『お総菜』売り場へ直行。でも、おかずを買うわけではありません。「今日は、どんなおかずが売ってるのかな？」と確認するのが目的。スーパーのバックヤードには『お総菜』を作っている人たちがいて、その日、大量に仕入れた「旬の食材」を調理しています。ということは、ほかの売り場でも「同じ食材」が置かれているはず……。

たとえば、サンマの塩焼き、小松菜のおひたしなどが売られていれば、「お魚」売り場ではサンマ、「野菜」売り場では小松菜が売られています。どちらも旬で、安くておいしい時期。つまり、**安くておいしい「旬の食材」を知るためには、『お総菜』売り場を見れば、一目瞭然**なんです。だから、このルートだと献立で悩むことがありません。

よく野菜売り場で「今日の献立は何にしよう……」と悩んでいる女性を見かけます。ある日スーパーで、多くの女性がなんとなくレタスを買って、「果物」売り場ではミカン、そのあと「お肉」売り場で、豚肉をカゴに入れていました。

しかし、次の「お魚」売り場に行くと、安くておいしそうな旬のサンマを発見。「食べたい！」とサンマを手に取り、「お肉」売り場に逆戻り。豚肉を返却し、サンマは大根おろしで食べたいと思い、今度は「野菜」売り場に戻って、レタスを返却し、大根をカゴへ。さらに、サンマを食べるなら「レモンも買いたい」と、「果物」売り場にも戻る、という動きをしていました。

あなたも、こんな経験はありませんか？

献立が決まっていない人にとっては、スーパーは効率の悪いレイアウトになっているのです。

ムダな時間の積み重ねで、あなたのプライベートな時間が少しずつ奪われているとしたら……もったいないですよね。実際に**買い物のルートを変更するだけで、効率の良い買い物ができて、ムダな時間もなくなります。**準備と言っても色々で、**こんな簡単にその場でできる「準備」もあるんです。**

ぜひあなたも「もったいない時間」がないか振り返ってみては、いかがですか？

第2章

「相手の気持ちを動かす」技術 その2

『すごい準備』を【見える化】する

「交渉」は「登山」に似ている!

「準備」の【見える化】をしよう！

「戦略」「交渉」と聞くと、「むずかしい」「自分にはできなさそう」という先入観を持つ人が多いかもしれません。しかし、【ＲＰＤサイクル】を使えば、今まで苦手だった「交渉事」もうまくいくはずです。その理由は、「交渉」の本質をとらえた方法論だからです。

「交渉」には、用意周到な準備が必要です。「飛び入り営業」という言葉がありますが、これは、なかなか上手くいきません。理由は、明白です。必要な準備をしていないからです。あなたは富士山に登るとき、水や水筒、靴や上着など、何かしら準備をして登りますよね？手ぶらで行く人は少ないと思います。なぜなら、季節によっては遭難してしまうからです。

「交渉」は、この登山と同じなのです。

この章では、登山初心者でも世界最高峰の山に登れるような、つまり、「交渉」初心者でも【最高の交渉】ができる、画期的な方法論をご紹介します。

「交渉」は、「登山」に似ている

登山家は、「難易度の高い山」に挑戦するときに、用意周到な「準備」をします。

危険な山であればあるほど、険しい山を攻略するために「山岳ルート」をいくつも探ります。

登山家が、険しい山に登るために「準備」が必要なように、「難易度の高い交渉」を成功させるためには、「山岳ルート」的な「準備」が必要です。しかし、そんなに難しい準備ではありません。ちょっとした「技術」が、必要なだけです。逆に、その「技術」をつかむことさえできれば、どんな人でも、あらゆる交渉を、いとも簡単に成功させることができます。

つまり、登山家の憧れである世界最高峰の山・エベレストでさえも、登頂できるのです。

振り返ってみると、僕がやってきた仕事は、そういう「難易度が高い交渉」ばかりでした。

今回は特別に、**あらゆる交渉の場面で、「どうすれば、相手の心を動かせるのか？」、ふだん【頭の中で考えて、実践している方法】**を初公開します。

「重要な交渉」の前に必ず相手の攻略ポイントを【見える化】する

交渉は、ただ熱くプレゼンすれば、良い結果が出るわけではありません。

逆に、クールに理路整然と解説すれば、成功するわけでもありません。

登山家が「山岳ルート」を探るのと同じように、僕は「戦略ルート」を探したうえで、交渉にのぞんでいます。

交渉は、いくら時間をかけて、頭の中で「戦略」を練っても、良い案は出てきません。

登山家が「山岳ルート」を探るときに、「地形図」とにらめっこするのと同じように、交渉では、相手を攻略するための「戦略図」が必要なのです。

具体的に言うと、**「今回の交渉は、なにが問題点なのか？　相手が不安に思っていることはなにか？」という現状を【見える化】して、視覚的に考えてみると、その問題点は、たちまち浮かび上がり、解決できてしまう**のです。

つまり、「戦略図」さえしっかり作っていれば、うっかり地雷を踏んでしまうような大失敗を避けることができますし、登山家が遭難してしまうような重大なミスを、未然に防ぐことができるのです。

交渉の「重要なポイント」は大きく分けると、2つあります

どんな交渉の場でも、交渉相手の気持ちを動かせなければ、最終的に、こちらが望んでいる「最高の結果」を手に入れることはできません。

そのときに重要なポイントは、大きく分けると、2つあります。

①交渉の「問題点」(＝悩みのタネ)
②交渉の「順番」(＝人と優先順位)

交渉は「まず、なにから話せば良いのか?」「どういう順番で、話を進めれば良いのか?」ということが、実は、非常に重要です。

また交渉を進めるときに、「どの人から交渉をはじめれば良いのか?」も、とても重要です。

もし交渉する人の順番を間違えてしまうと、取り返しのつかない事態になり、交渉が決裂したり、修復不可能な事態に陥ってしまいます。

やることは、いたってシンプル！誰にでもできる、簡単な「準備」です

人は毎日、いろいろなことを考えています。しかも交渉を控えているときは、その情報量がとんでもなく多いものです。しかし、その多くを忘れてしまうのも事実です。そんな状況のなかで**情報を整理し、迷うことなく「準備」を進めるためには、【見える化】することが最善**です。

実は、**今まで数多くの交渉を成功することができたのは、【一冊のノート】のおかげ**です。

僕は、それを**【準備ノート】**と呼んでいます。

また、その見開きページを「戦略図」と呼んでいます。なんと、この**見開きたった2ページだけで、交渉相手を攻略するための「突破口」を探すことができます。**つまり、**口説き落とすための「交渉の糸口」を発見することができる**のです。

それを「交渉の戦略図」、別名**「口説きの戦略図」**と呼んでいます。

早速、1冊のノートを用意してください

それでは、いよいよ第3章で、ノート式『すごい準備』をご紹介します。

重要な交渉の前には、必ず作っている必勝アイテム**【準備ノート】**の全貌を初公開します。

「チャンスは、準備を終えた者にだけ、微笑んでくれる。」

マリ・キュリー

（物理学者）

ポーランド出身の物理学者、化学者。放射線の研究で、1903年のノーベル物理学賞、1911年のノーベル化学賞を受賞した。

エピソード 3

まさに、奇跡の実写化『天才バカボン』

「実写化は不可能」と言われた国民的ギャグ漫画、赤塚不二夫の傑作『天才バカボン』。そのドラマ化の権利を獲得し、はじめて実写化に成功した。**スペシャルドラマ『天才バカボン』の誕生までにかけた準備期間は、実に1年半。**「準備」につぐ「準備」をしたエピソードである。

きっかけは、くりぃむしちゅーの上田晋也さん

名作と呼ばれる原作の「初実写化」は、一筋縄ではいかない。

なぜなら、原作マンガの完成度が高ければ高いほど、ファンが多い。**ファンが多ければ多いほど、原作のイメージが完成されているからだ。**

実写化することによって、原作のファンを失望させたり、原作イメージに傷をつけたりする可能性もある。たとえアニメ化で成功した原作マンガでも、実写化するとなると話は別。危険を冒してまで、あえて実写化することには、なかなか踏み切れないものだ。

『天才バカボン』も、そういった理由で、これまで実写化されてこなかった。

赤塚不二夫には、『おそ松くん』『ひみつのアッコちゃん』など、ヒット作品が多い。なかでも、**代表作と言えば『天才バカボン』だ。**

これまでに、なんと計5回もテレビアニメ化されている。

『天才バカボン』（1971年9月25日〜1972年6月24日まで放送）
『元祖天才バカボン』（1975年10月6日〜1977年9月26日まで放送）
『平成天才バカボン』（1990年1月6日〜1990年12月29日まで放送）
『レレレの天才バカボン』（1999年10月19日〜2000年3月21日まで放送）
『深夜！天才バカボン』（2018年7月11日〜9月26日まで放送）

国民的ギャグマンガ『天才バカボン』は、2017年で連載50周年を迎えた。50年以上にわたって、こんなにも愛され続けてきた作品は、非常に少ない。

まさに、不朽の名作だ。

「バカボンのパパに、顔がよく似ている」

実は、**『天才バカボン』を実写化したいと企画したのは、くりぃむしちゅーの上田晋也さんだ。**

上田さんは、数年前、いとうせいこうさんに「バカボンのパパに顔がよく似ている」と言われたそうだ。上田さんは「そうですかね？」という微妙な反応だった。しかし、歳月が経つにつれて「たしかに、似ているかも……」と思うようになった。

そして『天才バカボン』が実写化される際には、「ぜひ、バカボンのパパ役をやりたい！」と思うようになったそうだ。そのあと、その想いはどんどん膨らんで、自らが「天才バカボンを実写化したい！」と思い、具体的に行動を起こしたのである。

上田晋也さんは、テレビ業界には欠かせない、国民的な人気司会者だ。民放各局で、バラエティーのレギュラー番組を数多く持っている。テレビで見ない日はないほどの超売れっ子だ。そんな上田さんが、各テレビ局の関係者を通じて、ドラマプロデューサーに「天才バカボンを実写化できませんか？」とお願いして回ったそうだ。

さらに電通や博報堂など、大手広告代理店と仕事をした際にも、「どうにか天才バカボンを実写化できませんか？」と打診したという。

しかし結局、どこに頼んでも実現はしなかった。どの人からも、答えは同じ。

「あの作品は、実写化しないそうです」という返事をもらうばかりだった……。

その後、上田さんは、『天才バカボン』の実写化への熱い想いを『世界一受けたい授業』のプロデューサーにも話した。それがきっかけで、僕は、これまでの経緯を知ることになる。

たぶん上田さん以外にも、これまでに何社もの会社が、『天才バカボン』の実写化を夢見たに違いない。何人ものプロデューサーが、実写化の権利を獲得するために動いてきたはずだ。

しかし最終的に、原作者から許可をもらえなかった

僕は、今まで誰もが許可をもらえないような難しい案件でも、交渉し、許可をもらってきた経験がある。もしかしたら、僕なら実写化の権利を獲得できるのではないか？　そんな考えが頭をよぎり、「少し時間をいただけますか？　僕が交渉してみますよ」と伝えた。

ちなみに僕は、上田晋也さんとは過去に仕事をしたことはない。

意外かもしれないが、友人を通じてゴルフでご一緒したことがあるくらいだ。

しかし、上田さんから「何社も断られた」という話を聞いて、

「もしかしたら、僕なら許可がもらえるかもしれない……」

と、交渉魂に火がついた。

ドラマ化の権利を獲得するための「準備」とは?

その日から僕は、上田晋也さんの夢を叶えるために、『準備ノート』を作り、戦略ルートを探りはじめた。

まずは、『天才バカボン』の原作マンガをAmazonで全巻購入し、週末に一気読みした。


『天才バカボン』は、1967年(昭和42年)に週刊少年マガジンで連載がはじまった人気ギャグマンガだ。

僕は小学生のときに、原作マンガを読んでいる。

しかし今一度、読み直してみた。
大人になって、あらためて読み返すと、あのころの記憶が蘇ってきた。
懐かしさと同時に、いろいろと忘れていたことを思い出した。

天才・赤塚不二夫が繰り広げる独特の世界観。
まったく先が予測できない、ブっ飛んだ展開とナンセンスなストーリー。
斬新で、秀逸なギャグセンス。

このマンガが、「今まで多くのマンガ家たちに大きな影響を与えた」という事実も思い出すことができた。

続いて、『天才バカボン』のアニメＤＶＤを、一気に観た。

テレビアニメだからか、原作マンガと違い、心温まるエピソードも多かった。

その次に「どうして他社は、すべて断られたのか？」を研究しはじめた。

断られたのには、なにか理由があるに違いない。

その理由は、なんだろう？
そもそも解決できるものだろうか？

このとき僕は、ドラマ班に異動して、まだ1年しか経っていなかった。スペシャルドラマを1本手掛けただけ。しかも、そのドラマは「原作もの」ではなく、僕の予備校時代の経験談をもとに作った、完全オリジナル作品だった。

だから、「原作もの」を映像化する難しさは、まったく知らなかった。

そこで、**それまで「原作もの」を手掛けたことのあるプロデューサー・脚本家に、徹底的に取材をした。**

原作者は、どんな点にこだわるのか？
どういう場合に、許可が下りないのか？

そういったことを徹底的に調べ、『準備ノート』で戦略ルートを探った。

試行錯誤した結果、一筋の光明が差し込んだように見えた。

それまで何社も断られた理由は、明白だった。

『天才バカボン』の実写化が実現しなかった理由、つまり原作者がＯＫを出さなかった理由は、『天才バカボン』の世界観を再現するのが難しいから、だと確信した。

しかも『天才バカボン』は、ギャグ満載の作品だ。実写化の際にも、「笑い」のエッセンスがなによりも重要になる。しかし「笑い」は、とても難しい。

きっと原作者は、実写ドラマでは、『天才バカボン』の「笑い」を表現することは不可能だと考えたに違いない。

原作マンガを改めて全巻完読し、アニメＤＶＤも全部鑑賞し、自分が原作者の立場になって考え抜いたことで、見えてきたのだ。だから、たぶん……間違いない。

はじめての電話交渉

数日後、万全の準備をして、交渉の電話をかけた。

「天才バカボンの映像化の件で、ご相談したいのですが……」

「大変申し訳ありません。『天才バカボン』は、ドラマ・映画・CMなど、今までにたくさん映像化のお話は頂いているのですが、あの世界観は、実写化がたいへん難しい作品ですので、お断りさせていただいています」

あっけなく断られた。

断りの理由は、僕の予想通りだった。

やはり「世界観」を壊したくないのだ。

僕は「申し訳ありませんが、一度会ってお話だけでも聞いていただけませんか？」とお願いした。

「たぶん、難しいと思いますよ」

「それでも構いませんので、一度そちらにお伺いさせてください」

と粘って、なんとかアポを取ることができた。

まずは、相手と直接会って話をすること。すべては、そこから始まる。

『準備ノート』を使いながら、万全の準備をして、本番にのぞむことに……。

原作者と、はじめて会う

数日後、赤塚不二夫さんの作品の権利関係を扱うフジオ・プロダクションを訪ねた。

会ってすぐに、僕は大胆にも「この『天才バカボン』を実写化できるのは、たぶん僕しかいません」と伝えた。そして、その理由と裏づけを説明した。

昔から原作マンガを読み込んでいるので、**「赤塚不二夫の世界観を理解しているし、笑いを再現できる」**ということをプレゼンしたのだ。

僕自身の経歴も説明した。
僕は現在、ドラマ制作をしているが、**それまで約20年間、たくさんのバラエティー番組を手掛けてきた異色の経歴である。それが僕の武器だ、ということをアピールした。**

「僕は、今まで数多くの芸人さんと仕事をしてきて、『笑い』の難しさを十分理解しています。ずっとドラマだけを制作してきた人間には、『天才バカボン』の独特な『笑い』は作れません。逆に、ずっとバラエティーだけを制作してきた人間には、『笑い』の部分は理解できたとしても、ドラマは作れません。つまり、**ドラマも『笑い』も、両方とも理解している人間にしか、この『天才バカボン』の実写化はできない**と思います。そんな人間は、どこのテレビ局を見渡してもいません。いや、唯一、僕だけだと思います。今まで培ったバラエティーセンスを活かして、実写ドラマ『天才バカボン』を作ることができるのは、たぶん僕しかいないと思います。ぜひ僕に、作らせていただけませんか？」

力強く、そう伝えた。
そして最後に、赤塚先生にまつわる【僕のエピソード】を話した。

35年前、自分が起こした行動

実は、**子どもの頃、僕は赤塚不二夫さんにお会いしたことがあった。**

『天才バカボン』を改めて読み直したことで、その頃の記憶が、鮮明によみがえってきた。

当時、小学生の僕は、マンガが大好き。

7歳のとき、『赤塚不二夫１０００ページ』というマンガ雑誌を親戚にもらった。僕は、今の『コロコロコミック』より分厚いマンガ雑誌を、毎日、擦り切れるまで読んだ。そんな好きが高じて、マンガ家を目指すようになった。

それから数年後、なんと知り合いを通じて、赤塚先生にお会いできることになったのだ。

僕は、「将来マンガ家になるためには、どうしたらいいですか？」と質問をした。

赤塚先生は、小学生の僕に対して、真剣にアドバイスをしてくれた。

「マンガ家になりたいなら、今日からマンガを書くな！　絵なんて上手じゃなくていい。本気でマンガ家になりたいなら、たくさん勉強して、東大でも早稲田でも、とにかく頭の良い大学に行きなさい。大学に入って、もし、まだマンガ家になりたかったら、また来なさい。弟子にしてあげるから」

そう言って、記念に直筆のサイン色紙をくれた。

赤塚先生は、「マンガ家は、人よりも雑学をたくさん知らなければ、面白いマンガは描けない」と教えてくれたのだ。実家には、このとき頂いたサイン色紙が、今でも飾られている。

このエピソードを話したところ、なんと赤塚りえ子さん（フジオ・プロダクションの社長で赤塚不二夫さんの長女）は、僕のことを覚えていたのだ。

最終的に、「もしかしたら、本当に実写化できるのは、栗原さんしかいないかもしれませんね。**栗原さんなら、『父のブッ飛んだ世界観』を表現できるかもしれません……やりましょう**」という素敵な返事をいただいた。

本格的な「準備」に取りかかる

その日から、実写化に向けての本格的な準備がはじまった。僕は、ドラマ化の構想を話しただけで、まだ「脚本」は準備していない。というか、プロットすら白紙だ。

プロットとは、「脚本」の執筆に取りかかる前に作る「全体の流れ・構成」のこと。簡単に言うと、「あらすじ」のようなものだ。

まずは、僕が頭の中でイメージする世界観を、プロットとして作らなければならない。

実写化の許可はもらえたが、このあとの作業次第では、中止になることだって十分あり得る。

脚本の仕上がりが、原作者の世界観に合わないため、最終的に許可がもらえず、頓挫。お蔵入りになった原作ものは、世の中にごまんとあるのだ。

それが、ドラマや映画の世界。だから、ここからが勝負なのだ。

ここからは、スペシャルドラマが放送日を迎えるまで、『準備ノート』を駆使した具体的な「準備」をご紹介します。実は、このあとの「準備」のほうが大変でした。

実写化の生命線は「キャスティング」

マンガ原作ものを実写ドラマ化する際に、**最も重要なのは「キャスティング」だ。**

原作者のイメージに合う俳優をキャスティングできなければ、この企画は御破算になる。

マンガからそのまま飛び出してきたような、日本中が納得するキャスティングをしたい。

番組のポスターを見ただけでドラマが見たくなる、ワクワクするキャストでなければならない。僕は、原作マンガの世界観を意識したキャスティングをするために、東奔西走した。

まずは、バカボン一家のキャスティングだ。

上田晋也さんが「バカボンのパパ」をやるのは、眉間のシワも含めて、完璧だ。

次に**「バカボンのママ」は、雰囲気もイメージも、原作にぴったりの松下奈緒さん**にお願いした。

しかし、ここからが大変だった……。

「天才児」が見つからない！

『天才バカボン』のなかで出番はそれほど多くないが、**物語のキーマンになるのが「天才児ハジメちゃん」だ。**

ハジメちゃんは、バカボン一家の知恵袋的存在。だから、天才児でなければならない。

天才児ハジメちゃんは、オーディションで選ぶことにした。

かつて「子役ブーム」を巻き起こした芦田愛菜ちゃんや鈴木福くんのような「天才子役」を探し出さなければならない。全国の子役事務所に一斉に声をかけ、３歳から12歳までの男の子を、毎週オーディションした。

５００人以上、オーディションした……しかし、ぴったりの子どもが見つからない。

「マンガみたいな天才児なんて、いるわけないよね……」と諦めかけたが、ここで頓挫するわけにはいかない。僕は『準備ノート』とにらめっこしながら、試行錯誤した……。

「そうだ、女の子でもいいんじゃない？」

カワイイ子どもは、小さいうちは男の子か女の子か、わからないことがよくある。
一般的にも、男の子より女の子のほうが発育は早いから、セリフを覚えるのも早いはず……。

逆転の発想で、僕は「女の子」をオーディションすることに決めた。

そして1000人以上をオーディションした頃、ついに見つけたのだ！
長いセリフを完璧に覚える、まさに天才児。
しかも、3歳児が見つかった！

ルックスも原作イメージにぴったりの「天才児ハジメちゃん」は、実は女の子。

撮影前に、長い髪をバッサリ切ったのだ。僕は、出演者にもスタッフにも、もちろん視聴者にも放送が終わるまで、その事実を内緒にしていた（笑）。

一番苦労したのが「バカボン」

さて、ここまでの主要キャストは、どうにか決まった。

しかし、**ハジメちゃんよりも、もっと探すのに苦労したのが「バカボン」だ。**

マンガでは「バカボンのパパ」と並んで、大人気のキャラクター「バカボン」。

全国のタレント事務所に一斉に声をかけて、小学生から高校生まで男の子のオーディションを行った。


しかし、ぴったりの人なんていない。


『口説きの戦略図』を見ながら、試行錯誤の毎日。

「ハジメちゃん」のときと同じように、僕は「男の子でなくても、良いのかもしれない……」と選択肢の幅を広げて、探し続けた。

しかし、見つからない……。

原作マンガの世界観のキャラクターは、いつも浴衣を着ている、のんびり屋さん。あのルックスの人間なんて、この時代には、なかなかいない……。

仕方なく「俳優……でなくても、良いのかもしれない……」と選択肢の幅を、さらに広げて探すことにした。タレントや芸人、文化人やスポーツ選手など、ありとあらゆるジャンルの人を選択肢に入れて、探し続けた。

そしてついに……**おかずクラブの「オカリナ」を見つけたのだ！**

当時オカリナはまったくの無名。芸人として、まだ売れてないから、知らないのは当然だ。僕は、芸人に詳しい放送作家に、NSCのネタ見せで「30秒間、オカリナを吹いただけ」という伝説のエピソードを聞き、無性に会いたくなった。そこはかとなく、バカボンの可能性を秘めていると感じたからだ。とにかく会いたい！

翌日、知り合いのマネジャーを通じて、すぐに会わせてもらうことにした。もちろん本人には、オーディションとも、なにも言わずに……。

僕は、オカリナに会ったときの衝撃を、今でも忘れられない。

（あっ！　バカボンだーーー!!）

心の中で叫んだ。

バストも、ウエストも、ヒップも、ほぼ同じサイズ。

超ずんどう体型は、原作マンガとまったく同じだ。

なんとも言えない顔もそっくり。男性にも女性にも見えない、あのルックス。

しかも、**ヘルメットのような独特な髪型は、バカボンそのもの。**

あの髪型は、ドラマのために切ったものではない。昔から、自分で髪を切っているそうだ。

テレビで、オカリナが演じるバカボンを見たとき、日本中の誰もが衝撃を受けたに違いない。

それくらい強烈なインパクトがあった。

こんなにぴったりな人は、これ以上探しても、出てこないだろう。

僕はついに、**マンガから飛び出してきたような逸材を、発掘してしまったのだ！**

後日、所属事務所に、正式に出演オファーをした。

担当マネジャーも、本人も、超びっくりしていた。それもそうだ。まだ無名の芸人がバラエティーに出演するなら理解できるが、いきなりスペシャルドラマの「主要キャスト」に大抜擢されたのだから。

しかも、原作タイトルの「バカボン」役だ。


「私、演技なんてしたことないんですけど……」

僕は笑いながら、こう答えた。

「それは、これから特訓しましょう」

これで、バカボン一家は揃った。

4人中、3人が女性だけど……完璧だ（笑）。

『天才バカボン』には、バカボン一家以外にも、個性的で人気の名物キャラがいる。

「レレレのおじさん」には、名優・小日向文世さん。

「おまわりさん」には、ベテラン俳優・高嶋政伸さん。

オファーした際には、とても驚かれていたが、お二人とも喜んで出演を承諾してくれた。

まさに、完璧なキャスト陣だ。

このキャスティングが決まったとき、「このドラマは、成功しないはずがない」と確信した。

「バカボンの家」も忠実に再現！

ドラマの舞台は、２０１６年の現代。しかし、昭和の良き雰囲気も残すため、バカボン一家が住む家にもこだわらなければ……なんとかして原作の世界観をうまく表現したい。

僕は、もう一度マンガを全巻読み直した。
マンガの中に出てくるバカボン家のシーンを、１コマずつ検証したのだ。

ドラマのセットをデザインする美術デザイナーと打合せを重ねて、居間・玄関・台所・パパの部屋など、マンガの中に出てくる情報をもとに、あらゆる角度で考察した。「戦略ルート」を練るのと同じ作業だ。信頼している美術デザイナーが、リアルなバカボン家を設計した。

その結果、バカボン家を忠実に再現して、スタジオにセットを建てることができた。

ちなみに、マンガの中でも、ほとんど見ることができないバカボン家の外観。平屋だと思い込んでいる人が多いが、実は、二階建てだ。マンガ全巻の中で、数コマしか出てこないので、原作ファンでも知らない人が多いかもしれない。

「放送日」もこだわる

いまの日本人に必要なことは、すべて『天才バカボン』が教えてくれる。人間関係や人生に悩む人々が増えて、家族関係が希薄になった今だからこそ、**「家族そろって観てもらいたい」**。**そんな意味も込めて、「家族の絆」というサブタイトルをつけた。**

放送日は、サブタイトル「家族の絆」という意味を感じてもらうために、東日本大震災からちょうど5年という節目の、3月11日に決めた。

ちなみにこの作品は、「赤塚不二夫・生誕80周年記念」の目玉企画のひとつになった。

主題歌にも、こだわった。

おひさまが西から昇り、東へ沈むという衝撃的な内容の「あの歌」をテーマ曲に採用した。

みなさんご存知、国民的人気アニメ『天才バカボン』の主題歌だ。

タモリさんにお願いしたい！

タモリさんは、赤塚不二夫さんと親睦の深い方だ。

何度も言うが、『天才バカボン』は実写化が大変むずかしい作品と言われており、ドラマも映画もＣＭも、実写での映像化は、それまで一度も実現しなかった。

しかし今回、**「初の実写ドラマ化」という奇跡が起きようとしている。**

ならば、このスペシャルドラマにふさわしい、スペシャルな人に歌ってほしい。

断られるのは、十分承知のうえ……**ダメもとで、タモリさんにオファーした。**

ところが、なんと快く引き受けてくれたのだ！

赤塚不二夫さんの伝説のギャグ漫画を実写化。その主題歌を、タモリさんが歌う！

まさに、奇跡だ!!

いくつもの奇跡がミラクルを引きよせる！

いくつもの奇跡が積み重なり、ついに、不可能と言われていた実写化が実現した。

初実写ドラマ『天才バカボン』は、現代の視聴者にも合った、実写化ならではの「笑い」と「感動」を描いたハートフル・ホームコメディーに仕上がった。

高視聴率も獲得し、大成功した。

もしかしたら、何かひとつでも欠けていたら、原作者の許可は下りなかったかもしれない。初の実写化は、途中で頓挫し、実現しなかったかもしれない……。

僕は、
原作者の期待に応えるために、
上田晋也さんの夢を叶えるために、
今まで見たことのないドラマを作りたいために、
天国にいる赤塚不二夫さんに見てもらいたいために、
高いモチベーションで、「準備」してきた。

可能な限り、思いつくことは、すべてやった。

やり残すことなく、色々な手を尽くした。

新しいことを成功させるためには、このような「準備」の姿勢が基本だと思う。

最終的に、これだけのこだわりを貫いたおかげで、1本の番組が完成した。

放送後、原作者に「本当に、栗原さんに託して良かった」と言われて、泣けた。

たしかに、ここまでこだわり抜いた作品は、なかなかない。

結局、企画立案から放送までには、なんと1年半以上かかった。

時間はかかったが……**「これでいいのだ！」**

「心の準備ができていれば、万事が準備完了だ。」

ウィリアム・シェイクスピア（劇作家）

イングランドの劇作家、詩人。四大悲劇『ハムレット』『マクベス』『オセロ』『リア王』や『ロミオとジュリエット』など数多くの傑作を残した。

エピソード 4

マッコさんを喜ばせた「差し入れ」とは!?

「差し入れ」選びは、とても重要だ。とくにマッコさんへの「差し入れ」は、センスが問われる。**「たった一つの差し入れで、人生が変わる!」**と言ったら、言**い過ぎかもしれないが、その人の評価が決まることは多い。**あなたなら、マッコさんにどんな「差し入れ」をしますか?

バラエティーがこだわる「本番の一発勝負」！

スペシャルドラマ『天才バカボン』には、マツコ・デラックスさんも「謎の隣人」役として出演してくれている。マツコさんは、基本的にドラマには出演しない。なぜなら、何回もリハーサルをやらされるからだ。

以前、連続ドラマに出演した際に、あまりにも拘束時間が長く、何度もリハーサルをやるので嫌になってしまったようだ。僕も長年バラエティー畑で育ったので、その気持ちは物凄くよく理解できる。

バラエティー番組は、原則「本番の一発勝負」だ。生放送はもちろん収録番組でも、基本的に本番は一回のみ。だからタレントさん同士にも緊張感が生まれ、面白いものが撮れるのだ。

一方、ドラマは、本番までに何回もリハーサルをする。カメラマンがカメラの良いアングルを探ったり、照明さんがライティングを微調整したり、なにかと時間がかかる。だからマツコさんだけでなく、だいたいのタレントさんが嫌がる。

特に、ドラマにはじめて出演するタレントさんは、ほとんどが戸惑い、失敗する。それは、リハーサルから全力でやってしまい、疲れてしまうからだ。

しかも同じセリフを何回もしゃべると、本番をやるときには新鮮さがなくなって、タレントさん特有の持ち味まで消えてしまう。そういう理由もあって、マツコさんはドラマが好きではない。

このように、**バラエティー番組は「瞬発力」が必要で、ドラマは「持久力」が必要である。**

しかし僕は、**バラエティーならではの「アドリブ」や「勢い」などを取り入れたい**と思い、ドラマでも「本番の一発勝負」にこだわっていた。

実は比較するのもおこがましいが、あの**世界の北野武監督も同じように「本番の一発勝負」というスタイルで映画を撮っている。**ビートたけしとして、長年バラエティー番組で培った、独特の「緊張感」や「勢い」などを映画にも取り入れ、その要素を大切にしているのだ。

同じ狙いで『天才バカボン』も、なるべくリハーサルはやらずに「本番の一発勝負」にした。バラエティー番組のスタイルでドラマを撮影する……こんな無茶を理解し、おもしろがってくれるカメラマンもいた。だから、なんとかマツコさんにも毎回出演してもらえている。

第三弾を迎えた『天才バカボン3』でも、マッコさんは過密スケジュールを調整し、東京でスペシャル番組の収録後、わざわざ生田スタジオまで来てくれることになった。

僕は、マッコさんに、気持ち良くドラマの撮影にのぞんでもらうために、実は毎回、楽屋に「差し入れ」を用意している。この「差し入れ」を選ぶのがひと苦労で、毎回、とても悩む。**ありきたりな普通の「差し入れ」だと、マッコさんのテンションが上がらない**からだ。

マッコさんは、グルメだ。美味しいものを、たくさん知っている。しかも、一度にたくさん食べるので、ちょっとの量ではダメだ。少しくらい残ってもいいので、多めに用意しなければならない。だから、あまり高価なものは買えない。逆に高価すぎるものだと、マッコさんに気を遣わせてしまって、あまり喜んでくれないと思う。

たったひとつの「差し入れ」で、人生が変わる!

これは、ちょっと言い過ぎかもしれないが、

たったひとつの「差し入れ」で、その人の評価が決まる！

というのは、言い過ぎではない。
なぜなら、気の利いた差し入れをすると「この人はセンスが良い」と評価が上がるし、逆に、つまらない差し入れをすると「あの人は、イケてない……」と、その人の株価が、一気に暴落するからだ。ちょっとした差し入れひとつで、自分の株が上がったり下がったりしてしまう。

それほど、「差し入れ」は怖い。

だから、テレビマンにとって「差し入れ」選びは、実は、とても重要なのだ。
そういった意味でも、マツコさんへの「差し入れ」はセンスが問われる。
センスの悪い「差し入れ」は贈れないし、僕もセンスのない男だとは思われたくない。
局長のように気の利いた、粋《いき》な「差し入れ」をしたいと思っている。

あと、『天才バカボン』は年に一回しか収録がないという点も大きい。もし「差し入れ」で失敗すると、次回マッコさんに会うまで一年間も悪い印象を持たれてしまう。そういうことも引っくるめて、**マツコさんへの「差し入れ」が一番緊張する。**

大袈裟かもしれないが、前回、第二弾の収録が終わった直後から**「次回の差し入れは、なににしよう……」と約一年以上も悩んだ。マツコさんに会う日に向けて、入念に準備してきたの**は、まぎれもない事実だ（苦笑）。

リアル『マツコの知らない世界』～差し入れ編～

では、マツコさんを喜ばせる「差し入れ」とは、いったい何なのか？

僕は『準備ノート』をつくって、マツコさんの攻略ルートを探ることにした。今ある情報を整理して、最高の「差し入れ」を決定するためだ。詳しくは第3章で解説するが、『口説きの戦略図』は、交渉相手を口説くためだけではなく、今回の「差し入れ」のように、相手を攻略するための「あらゆる問題」に応用できる。**準備ノート式『すごい準備』は、たくさんの情報を整理して、「最高の答え」を導き出してくれるのだ。**

まずは、マツコさんと番組の情報を、見開きの左ページにまとめた。

続いて、「問題点」と「解決策」を右ページにまとめてみた。

すると、やはりマツコさんへの差し入れは「食べもの系が良い」という結論にたどり着いた。

その結果、マツコさんが「大好きな食べもの」を徹底的にリサーチすることに。

ポイントは、「なかなか食べられない〝めずらしい食べもの〟」と「マツコさんが番組の収録で食べたもの」だ。 もちろん、マツコさんが最近食べたものは、除外するつもりだ。

何日もかけて過去のインタビュー記事、インターネットの書き込みをチェック、同時に番組スタッフへの取材、マネジャーへの聞き込みなどを敢行した。

続いて、さらに範囲を広げて、マツコさんが出演する全番組の関係者、他局の番組スタッフにもリサーチすることにした。

要注意なのは、TBS『マツコの知らない世界』だ。

この番組は、1時間に2テーマ扱うが、だいたい1テーマはグルメものだ。収録では、同じテーマの食べものを何種類も試食するので、もし最近やったテーマの食べものを「差し入れ」でもしようものなら、大変なことになる。たとえそれが大好きな食べものだとしても、あり得ない。だから入念に過去の放送リストも含めて、最近のラインナップを徹底的にリサーチした。その結果、ある有力な情報を得ることに成功したのだ。

マツコさんは「豆大福」が大好物

なかでも**「群林堂」**という店の豆大福が大好きらしい。群林堂は、大正初期に創業した老舗で、文豪達も愛したと伝えられる名店だ。情報によると、開店前から長蛇の列ができて、なんと午前中で売り切れてしまうという。まさに、行列必至の超人気店。しかも運が悪いことに、僕が買おうとしているサクラが満開の季節には、入手困難な品になるそうだ。花見のお供として一年で一番売れるので、入手するのはかなり難しい。

入手困難な人気の品を、なんとかして購入したい！

しかし、ただ単に「群林堂の豆大福を買ってくる」だけなら、誰にでもできる。

「マッコさんは、群林堂の豆大福が大好きだ」という情報を知っている関係者なら、1回は差し入れをしたことがあるはず。いや、2回や3回はあるのではないか？

普通なら「なんとかして群林堂の豆大福を、大量に購入したい」と考えるだろう。

「でも、それでは芸がない……」。僕は、冷静に考えた。


さあここで、あなたならどうしますか？


実は、ここで『口説きの戦略図』が威力を発揮する。「群林堂」の情報を集めていたときに、ある**〝重要なキーワード〟**に到達することができたのだ。それは……**【東京三大豆大福】**。

調べてみると、「群林堂」は【東京三大豆大福】の名店として有名だった。

だとすると絶品豆大福が、ほかにも二店あるはずだ。【東京三大豆大福】を調べてみると、たしかに、特徴が異なる二種類の豆大福のお店があった。それは……**「松島屋」**と**「瑞穂」**。

僕は、このときはじめて**〝豆大福の御三家〟**という存在を知ったのである。

そして**「せっかくだから【東京三大豆大福】の食べ比べができないか?」**と考えた。

マツコさんは『マツコの知らない世界』で、テーマとなる食べ物をよく食べ比べしている。

だから、もし〝豆大福の御三家〟が一堂に会したら、こんなに素敵な光景はない。

そう、間違いなく喜ぶに違いないのだ。

しかし〝豆大福の御三家〟を購入するのは、至難の業。かなり難易度が高い。安全パイを狙って、「群林堂」だけにしておくべきか……。


さあ、どうする?

最終的に、**僕が選択したのは……【東京三大豆大福】の、御三家すべてを揃える計画だった。**

超困難なミッションを成功させる「準備」とは?

では、どういう「ルート」でお店を回れば、ロスなくすべてを購入できるのか?

登山家が「登山ルート」を探るべく、僕は「戦略ルート」ならぬ「購入ルート」を探った。

東京の路線図を見ながら、入念に作戦を立て、何度もシミュレーションした。

徹底的に「準備」に取り組んだのである。

もし、どこかで時間をロスした場合は売り切れてしまい、御三家の豆大福が揃わない可能性だってある。

御三家は、どこも事前予約など受け付けていない。だから、当日に並んだ者しか買うことができないのだ。こういう販売の仕方が、実は一番公平なのかもしれない……でも、そんなことに感心している余裕など、僕にはない。もし、2つの名店しか揃わなかった場合は、どう説明しよう……。

万が一、御三家を買えなかった場合を想定して、リサーチ中に発見した「最近話題の豆大福」の人気店も回ることにした。**備えあれば憂いなし……さらに2店を追加したのだ。**

「東京三大豆大福」購入㊙大作戦！

撮影当日の早朝、超人気の【東京三大豆大福】購入㊙大作戦を決行した。

果たして、いくつ入手できるのか？

その結果は……!?

花見の季節のなか、僕は行列に並び購入。移動して、また行列に並び購入。これを繰り返して、なんと「豆大福の御三家」を見事にすべて購入できたのだ。しかも最終的には、最近話題の人気2店も回りきり、**合計5店舗の「絶品豆大福」を購入することに成功した。**

やった！　充実感でいっぱいだ!!

たぶんこの日、日本中で、いや世界中で「豆大福」を買うために、こんなにエネルギーを使った人間は、僕以外いないだろう（笑）。

とにかく、マツコさんのリアクションが楽しみだ。

差し入れには〝サプライズ的要素〟も重要である。

夕方やってくるマツコさんのために、楽屋のテーブルいっぱいに、5店舗の「豆大福」を並べた。1店舗で6個購入したので、全部で30個……壮観だ。

まさか……サプライズ大作戦が失敗!?

夕方6時、マッコさんが生田スタジオに現れた。

マッコさんは楽屋入りした瞬間、

「なにコレ〜!?」

という期待通りのリアクションだ。

「群林堂の豆大福ぅ〜。1年ぶりかも！」

そう言って、とても喜んでくれた。こんなにテンションの高いマッコさんを見るのは、仕事をご一緒して、はじめてだ。

「みんなで食べましょ〜！」

そして楽屋は「豆大福」の試食会場に！　**まるで『マツコの知らない世界』の収録スタジオのようになった。**

群林堂の豆大福について、熱く語るマツコさん。

はじめて食べたが、たしかに絶品だ。こんなにもマツコさんのテンションを上げる理由も、理解できた。マツコさんの説明を聞くと、さらに美味しさも倍増した。

豆大福が大好きなマツコさんは、「群林堂」以外の「松島屋」や「瑞穂」についても詳しかった。そして……

「三大豆大福の食べ比べができるなんて、はじめて！　すごいことよ!!」

と絶賛してくれた。

嬉しい……最高の褒め言葉だ。
まさに、今までの苦労と努力……すべての「準備」が報われた！　至福の瞬間だ!!

しかし次の瞬間、事態が急展開する。

マツコさんは、僕のほうをジロッと見て言った。
「あんた……ＡＤに並ばせたでしょ？」
「違いますよ、ちゃんと僕が全店まわりました」
「そんなわけないでしょ？　どのお店も、すごい行列店よ。東京三大豆大福を１人で買えるわけないじゃない！」

ガーン……。

さっきまで称賛の眼差しだったマツコさんが一転、疑惑の眼差しで、僕を凝視する……。

僕は必死に弁解した。いや、**今日まで1年以上かけて立てた緻密な戦略と【東京三大豆大福】購入㊙大作戦を、事細かに説明した。**

しばらくして、なんとか納得したようなマツコさん。

しかし、最後に……

「朝から行列に並んでるプロデューサーって、どうなの？」

「は!?」

「ちゃんと仕事しなさいよ！」

「でも、マツコさんに食べていただきたいと思いまして……」

「私、そういう努力は認めないから」

たしかに、マツコさんの言う通りだ……（苦笑）。

「構えとは、起こり得るすべての状況に対応できる準備である。」

ブルース・リー
（武道家）

香港の武道家、俳優、脚本家、映画プロデューサー。『燃えよドラゴン』をはじめ、数々の大ヒット作に出演した。

すぐに使える！『すごい準備』【打ち上げ㊙大作戦】

大きな仕事やプロジェクトが終わったあとに「打ち上げ」をやることって、ありますよね。

お疲れさまという意味を込めて、一緒に食事をしたり、お酒を飲んだりする「打ち上げ」は、それまで仕事だけのつき合いだった相手の意外な一面を知ることができて、一気に親密な距離になり、仲良くなれるものです。

僕は、この**「打ち上げ」という素敵なイベントを、最後にやるのはもったいないと考え、実は、途中でやったことがあります。**

あなたは「え？　なに言ってるの!?」と思ったかもしれません。

これは、スペシャルドラマ『天才バカボン』の第1弾のときのエピソードです。くりぃむしちゅーの上田晋也さんは、ドラマ初主演。バラエティーでは百戦錬磨の上田さんも、ドラマの現場では緊張気味。バラエティーであれば、スタッフやカメラマンも顔なじみですが、ドラマの現場には、上田さんがご一緒したことのある人はいません。上田さん以外は、ベテラン俳優ばかり。なんとなくアウェイ感もあり、あきらかに表情が硬い「バカボンのパパ」になっていました。

でも、俳優さん同士の息が合わないと、良いドラマは作れません。僕は、なんとか上田さんをリラックスさせて、いつもバラエティーで見せてくれる魅力を引き出したいと考えていました。

そこで1週間後、撮影が早めに終わる日を選んで、なんと「打ち上げ」を企画したんです。そう、上田さんを囲んだ「食事会」です。多くの俳優とスタッフがあつまり、仕事や仕事以外のこともしゃべりながら、楽しい数時間をともに過ごしました。

すると翌日、撮影現場の雰囲気がガラッと変わり、一体感が出たんです。しかも、ベテラン俳優からのアドバイスなのか、それともスタッフと打ち解けたからなのか、上田さんの肩の力も抜けたようで、とても良い演技をされました。「打ち上げ」の効果があり、撮影は大成功！　それから残り1ヵ月間は、今までとはまったく違う、素晴らしいシーンをたくさん撮影できたのです。**まさに、僕が待ち望んでいた〝俳優・上田晋也〟の誕生**です。

このように僕は**「打ち上げ」＝「最後にやるもの」という常識にとらわれないで、良いものは、どんどん取り入れます。「最高の結果」を導くためには、このような「準備」もあり**だと思います。

実は、あとから知ったのですが、昔は、こういう宴会があったそうです。通称**「中入り」**。さらに、初日にやる**「打ち入り」**という宴会まで。

僕が発明したものではありませんでした（笑）。

第3章

相手の気持ちを動かす『すごい準備』基本編

① 1冊のノートで人生が変わる!
「準備ノート」のつくり方

② 交渉の「仮想やりとり」
シミュレーションを【見える化】

人生が変わる！「準備ノート」のつくり方

イントロダクション

まず、**1冊のノートを用意してください。**

B5でもB6でも、どんな大きさのノートでも構いません。どちらかと言うと、ページ数の多い「厚いノート」よりも「薄いノート」のほうが使いやすいかもしれません。あなたの好みや習慣もあると思うので、とにかく使いやすいノートを用意していただければOKです。

安いノートでいいので、新しいノートを用意することをオススメします。理由は、**「口説きの戦略図」を作るためのノートは、「交渉」や「実現したいこと」専用にしたい**からです。

いま使っているノートには、おそらく色々なことが書き込んであると思います。あなたは、英語と数学を勉強する場合、ノートを別々に用意しますよね。同じ1冊のノートを兼用で使う人は少ないと思います。

それと同じように、「交渉」や「夢の実現」に集中するためには、他のノートとは別々にしたほうが、のちのち、なにかとうまくいきます。コレは経験上、断言できます。

「ノート１冊で人生が変わる」のであれば、自分にとって、とても安い投資だと思いませんか？

ちなみに僕は、この準備ノートには、方眼ノートを使っています。
このあと読み進めていただければわかりますが、**「口説きの戦略図」は、方眼ノートと抜群に相性が良い**です。
もし、これからノートを購入しようと考えている人には、オススメです。

大袈裟ではなく「１冊のノート」で、人生が変わります！

僕は、このノートのおかげで、難攻不落の交渉相手を、次々と口説くことに成功しました。
とくに『¥マネーの虎』では、１冊のノートを武器にすることで、最終的に20人以上の社長たちに出演してもらえたのです。

たった500円の方眼ノートで、合計年商500億円以上の社長たちから出演OKをいただきました。しかも番組では、3億円以上の投資をしてもらえたのです。

これは、まさに奇跡です。

たった1冊のノートが「交渉相手」を口説くための、頼もしい相棒になってくれたのです。

大袈裟ではなく、「1冊のノート」で、人生が変わりました!

Ready
NOTE

ノートは、真ん中のページから書きはじめる

『準備ノート』のつくり方　ステップ1

新しいノートを用意できたら、ちょうど**真ん中のページ**を開いてください。

1ページ目ではなく、真ん中のページです。30枚ノートなら15枚目、40枚ノートなら20枚目を開いてください。ノートの種類によっては、綴じ糸が見えるページです。

このノートを、あなたは「大事な交渉」と「成し遂げたいことの実現」までの間に、何回も開くことになります。だから、一番開きやすい真ん中のページを使うのです。

さらに、この真ん中のページを使うのには、もう一つ理由があります。

■ノートの真ん中よりも前半のページは↓「交渉相手」の情報

■ノートの真ん中よりも後半のページは↓「自分」の情報

を書き込みます。

このように、**ノートの前半と後半で「情報」の収納場所をキッチリ分けておくことで「情報を引き出したい」と思ったときに、簡単に見つけられるので、とても便利です。**

とにかく１冊のノートに情報を集約させて、たくさんの情報を整理し、仕分けすることで、「戦略」が立てやすくなるのです。これが真ん中のページを使う、もう一つの理由です。

見開き「たった2ページ」が成功のカギ！

『準備ノート』のつくり方　ステップ2

それでは、これからノートに**たくさんの情報を書いていく**のですが、書き込むための**ひな形**を作っておきます。とても簡単な作業です。

まず、**見開きの「左側のページ」の真ん中に、縦に1本だけ線（線①）**を引いてください。

次に、**見開きの「右側のページ」の真ん中にも、縦に1本だけ線（線②）**を引きます。

縦に、**4つのブロック**ができました。コレで、準備ＯＫです。

これが**【口説きの戦略図】のひな形**になります。

実は、**僕は「重要な交渉」の前には、ヒマさえあれば、この真ん中の見開きページをずっと眺めています。**この見開きページには、交渉するときの**重要な材料がすべて詰まっている**からです。

このひな形の段階では、まだ「え？　どういうこと？」と思っている人が多いと思いますが、ご安心ください。すぐに、このメリットを実感できると思います。

それでは、このひな形に、その「重要な材料」になる【情報】を書き込んでいきましょう。

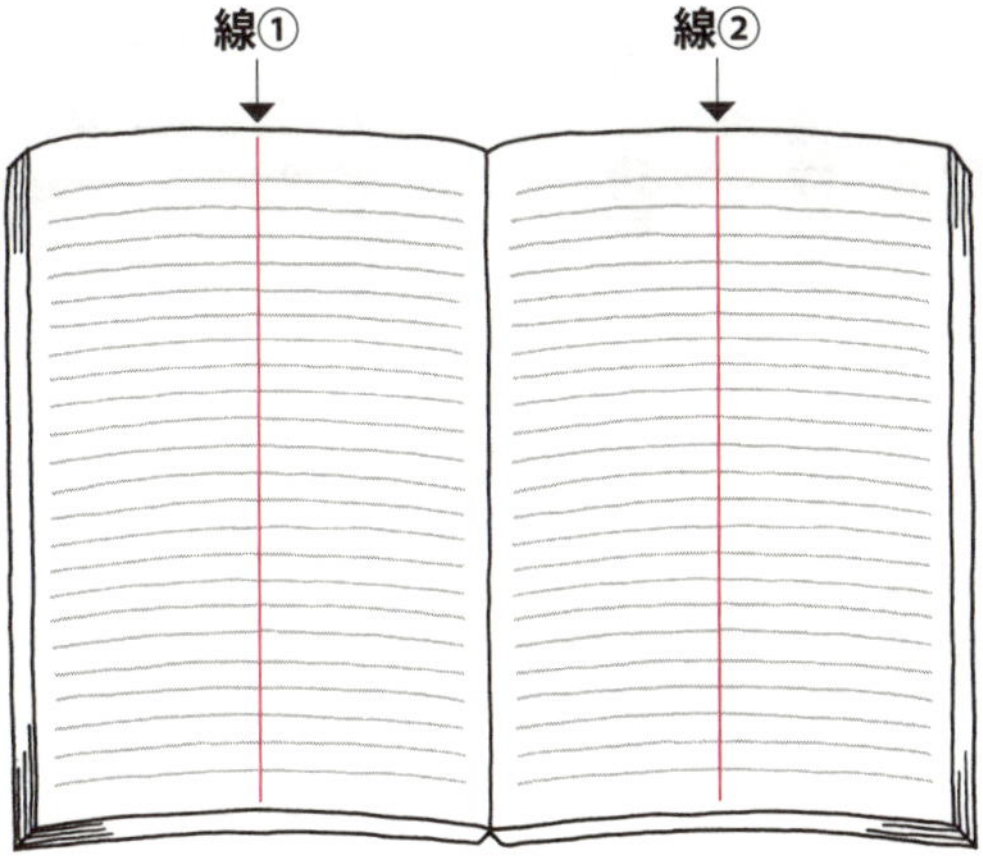

「相手の情報」と対照的に「自分の情報」を！

『準備ノート』のつくり方　ステップ3

まずは、見開きページの左側の「1ページ分」を使います。

なにを書き込むかと言うと……

ここには**「交渉相手」と「自分」の、それぞれの【情報】**です。

縦に線を引いた**左側**の、一番上の行に**具体的な「交渉相手」の名前**を書いてください。

右側には**「自分」と「実現したいこと」**を書いてください（※141ページ参照）。

ちなみに、僕は「交渉相手」の欄に**「社長」**と書きました。

そして「自分」の欄には、**「番組名」**と**「大物社長をキャスティングしたい」**と書きました。

続いて、その下の行に、それぞれの【情報】を箇条書きで記入していきます。

まずは、攻略したい「交渉相手」の【情報】を書いてみてください。

このとき、できるだけシンプルに、わかりやすく書くことを心がけてください。

5行から10行くらいは書けると思います。

続いて、右側に「自分」の【情報】を書き込んでいきます。

左側で書いた各行の項目に「⇒」記号をつけて、対照的な内容を、右側の同じ行に書いてください。

ポイントは、交渉相手の各行の【情報】と対照的になるように、「自分」の【情報】を具体的に記入することです。

もし書くことがない場合は、**「交渉相手」に対しての疑問点**を書いてください。たとえば、**「交渉相手」に会ったら、聞いてみたい素朴な疑問や質問**で構いません。このあと「交渉相手」の攻略ポイントを探るときに、非常に役に立ちます。

このとき**注意してほしいのが、素朴な疑問や質問についての書き方**です。

自分の頭の中で思ったことを、そのまま「疑問形」で書くのがポイントです。

できるだけ**「話し言葉」**で書いてください。

もし要約して書いてしまうと、自分の【情報】がストレートに脳にインプットされないので交渉の過程でうまくいきません。これから実行する「口説きの戦略図」としての効果も半減してしまいます。

たとえば、僕は「交渉相手」の【情報】として、「地方在住」ではなく**「地方に住んでいる」**と書きました。それと対照的なことを、右側の同じ行に書き込むのですが、「自分」の【情報】欄には**「毎週、わざわざ東京に来てくれますか？」**という素朴な疑問形で書きました。これは、もし社長に会えた場合に、**ストレートに聞きたい質問**です。

しかし、もし「地方在住」と書いた場合には、「自分」の【情報】欄には「収録は東京」と簡潔に書いてしまいます。そうすると**「わざわざ東京に来てくれますか？」というストレートに聞きたい質問が頭に浮かびにくい**のです。**しかも「毎週」という情報も漏れてしまいます。**

『準備ノート』の左ページ

「交渉相手」の情報	「自分」の情報
（交渉相手の名前）→社長	新番組『¥マネーの虎』
	大物社長をキャスティングしたい!（実現したいこと）
・お金持ち ⟹	・お金がない（低予算）
・忙しい ⟹	・収録には時間がかかる
・時間がない	
・地方に住んでいる ⟹	Q「毎週、わざわざ東京に
（本社は名古屋）	来てくれますか?」
・東京へは新幹線で移動 ⇒	・新幹線代を払う
・東京への出張がある!	（往復・グリーン車?）
（月に数回）	・収録日は土曜・日曜
・地位も名声もある ⟹	Q「あとは何がほしい?」
	・深夜の番組
	・宣伝効果はない
	・投資する番組
	・番組で投資してほしい
	・“夢”を叶える番組
	Q「実現したい“夢”は?」
	Q「投資した経験はある?」

POINT
左側の各行に⇒をつけて、１行ずつ「交渉相手」の情報と対照的になるように「自分」の情報を具体的に記入する

Q　相手への質問・素朴な疑問

つまり、もし「収録は東京」とだけ簡潔に書いてしまうと、社長本人に会って質問する場合に一度、頭の中で「質問形」の言葉に変換しなければなりません。

〇

頭の中で思ったことをそのまま書いた場合

地方に住んでいる

←

「毎週、わざわざ東京に来てくれますか？」

✕

要約して簡潔に書いた場合

地方在住

←

収録は東京

←

※変換作業が必要！

「わざわざ東京に来てくれますか？」

※「毎週」という情報も漏れてしまう！

この頭の中での変換作業を事前に済ませておけば、実際の交渉の場では、交渉がスムーズに進み、うまくいきます。

なぜなら交渉では、会話はどんどん進んでいるからです。**質問のタイミングを一度逃すと、次の話題に行ってしまいます。もし話題を戻そうとしても、時間をロスしたり、話題を戻せない場合がある**のです。

最近では、飛行機に乗るためにチェックインを事前に済ませておける「事前チェックイン」サービスがあります。これを使うと、空港に行って搭乗手続きから荷物チェックまでスムーズに進みます。さらに、気持ちに余裕ができるので、出発時間を逆算して、飛行機に乗るまでの時間を有効に使うことができます。

これと同じことが、「交渉」にも当てはまります。

交渉時間は、無限にはありません。
つねに制限時間があるのです。

だから時間をロスすると、予定していた質問が聞けなかったり、交渉が中途半端に終わってしまう可能性があります。

しかも「質問形」の言葉に変換するために時間がかかると、交渉相手に理解力が悪いと思われてしまい、自分の印象も悪くなります。だから、「交渉相手」に対しての質問や疑問点は、なるべく「話し言葉」で書いておいたほうが良いのです。

実際の交渉前には、交渉のための「事前チェックイン」を済ませておきましょう。

そうすれば当日、どんなに交渉時間が短くても、あわてることはありません。

交渉がうまくいく人

毎週
わざわざ
東京に来て
くれますか？
地方に
住んでいる

交渉がうまくいかない人

変換
作業
わざわざ
東京に来て
くれますか？
収録は
東京
地方在住

◎印で「アピールポイント」が見えてくる！

『準備ノート』のつくり方　ステップ4

続いて、箇条書きにした「自分」の情報のアタマに印をつけます。

□プラス内容の場合は↓行のアタマに◎印
■マイナス内容の場合は↓行のアタマに▲印

このとき、**◎印が自分の「アピールポイント」**になり、**▲印が「デメリット」**になります。

このように印をつけると、現在の状況がどんどん見えてきます。

僕の場合は、左ページのようになりました。

「準備ノート」の左ページ

「交渉相手」の情報 ⇩　　「自分」の情報 ⇩

「交渉相手」の情報	「自分」の情報
社長 ←（交渉相手の名前）	新番組『￥マネーの虎』
	大物社長をキャスティングしたい! ←（実現したいこと）
・お金持ち ⟹	▲お金がない（低予算）
・忙しい ⟹	▲収録には時間がかかる
・時間がない	
・地方に住んでいる ⟹	Q「毎週、わざわざ東京に
（本社は名古屋）	来てくれますか?」
・東京へは新幹線で移動 ⇒	▲新幹線代を払う
・東京への出張がある!	（往復・グリーン車?）
（月に数回）	▲収録日は土曜・日曜
・地位も名声もある ⟹	Q「あとは何がほしい?」
	▲深夜の番組
	▲宣伝効果はない
	▲投資する番組
	▲番組で投資してほしい
	◎“夢”を叶える番組
	Q「実現したい“夢”は?」
	Q「投資した経験はある?」

▲　デメリット
◎　メリット・アピールポイント
Q　相手への質問・素朴な疑問

このようにノートに整理してみると、『¥マネーの虎』が▲印だらけで、「デメリット」が多いという現状が明らかになります。

もしかしたら、あなたが書いたノートも同じように、▲印が多いかもしれません。

でも、ご安心ください。コレで、いいんです。

冷静に自分の現状を認識しないと、実際の交渉はうまくいきません。**現状を認識したうえで、交渉の「突破口」を見つけるのが、このノートの最大の目的**です。

難易度の高い「険しい山」を攻略するための「山岳ルート」

＝　　　　　　　　　　　　＝

難易度の高い「交渉相手」を攻略するための「戦略ルート」

登山をする前には、必ず「山岳ルート」を探ります。そのときに必要なのが【山の地形図】です。

難易度の高い「険しい山」を攻略するためには、遭難しないように「山岳ルート」を何通りも探らねばなりません。

同じように、**難易度の高い「交渉相手」を口説くためには、「戦略ルート」を何通りも探ることが大切です。**

そのときに必要なのが、【口説きの戦略図】なのです。

登山家は「山岳ルート」を探るときに、【山の地形図】とにらめっこします。

天気が悪い場合は、そこに風向きや前線などの【詳しい情報】も書き込んでいきます。

つまり、**この【口説きの戦略図】に【詳しい情報】を書き込むことができれば【戦略ルート】（＝交渉相手を攻略するための突破口）を見つけることができる**のです。

左側のページで、お互いの現状を正確に把握することができました。

それでは次に、「攻略の糸口」を見つけるために、見開きページの右側のページを作っていきます。

「問題点」が具体的になれば、解決できる

『準備ノート』のつくり方　ステップ5

続いて、見開きページの**右側の「1ページ分」**を記入していきます。

こちらのページには、なにを書き込むかと言うと……

左側のページで書いた項目についての「**問題点**」と「**解決策**」です。

縦に線を引いた**左側**の一番上の行に「**問題点**」、**右側**に「**解決策**」と書いてください。

1行ずつ、横に目線を移動させながら、具体的に記入していってください。

158〜159ページに詳細なノートを掲載しましたので、ご参照ください。

「準備ノート」を寝かせることも重要

このとき注意してほしいのが、**もし思い浮かばない場合は、空欄のまま、無理に書き込まないこと**です。書ける部分だけ、記入してください。

無理に書き込まなくても、少し時間が経つと、**書き込みたいこと**（**＝解決策**）が自然と湧いてきます。たとえ今日書けなくても、一晩寝かせると**「なんだ、こういうことだったのか！」**と簡単に書き込むことができます。

コレが、この**ノート式『すごい準備』の優れた点**なのです。

丁寧に紐解いていけば「解決策」が見えてくる

「問題点が多くて複雑だ。解決するのは、むずかしい」と言う人がいます。

しかし僕は、そんなことは決してないと思います。たとえカバンのなかで複雑に絡み合ったイヤホンのコードでも、少しずつ解《ほど》いていけば、必ず解《ほど》けるのと同じです。

人は、ある一定量以上の仕事を抱えると、脳が勝手に「問題点が多いので解決できない」と誤解して、不安を倍増させる傾向があります。しかし、**脳が「キャパシティ・オーバー」を起こしているだけ**です。

たとえば、よく会社で「忙しい！　あ〜、ヤバい！　このままだと間に合わないよ〜！」と焦っている人を見かけます。僕は、そういう人には「とりあえず、やらなきゃいけない仕事をすべて書き出してみたら？　そのあと一つ一つに締め切り日を書き込んで、優先順位をつけてみなよ」とアドバイスします。すると、ほとんどの人は、ノートに書き出してみると「意外に少ない……今日は、これだけ片づければ良いのか」と冷静さを取り戻します（笑）。

交渉も、まったく同じです。

ノートに書き出すと、問題点は意外に少ないものです。

問題点をすべて書き出し、その一つ一つに解決策を書いていき、優先順位をつければ、必ず交渉の「突破口」は見えてきます。

脳が勝手に「問題点が多い」＝「交渉がむずかしい、うまくいかない」と誤解しているときに、解決してくれるのが【口説きの戦略図】なのです。

交渉にのぞむ前に、たいていの人が陥る落とし穴。それが、目に見えない不安です。漠然とした不安を解消する方法は、問題点を具体的にすることです。問題点が具体的になればなるほど解決できます。そのために右側のページの一番右の欄には、その「解決策」を書けるようにしてあります。

交渉をむずかしく、複雑に考える人が多いですが、問題点は意外にシンプルです。不安に負けることなく、問題点を一つ一つ整理・検証していけるのが、ノート式『すごい準備』なのです。

これで、80％の準備が整いました

このあとは、できるだけ多くの情報を集めて、交渉当日までに【口説きの戦略図】の精度を高めていき、１００％を目指しましょう。

最後に、先ほど空欄にしていた部分を穴埋めしていきます。

切り抜きやコピーも貼って、情報を仕分けする

『準備ノート』のつくり方 ステップ6

「解決策」を穴埋めするために、さらに情報を集めてください。

たとえば交渉相手について書かれた資料を読むとか、関係者にリサーチするとか、交渉相手に関する情報を、丁寧に集めていきます。

新たに集めた情報は、真ん中の見開きページの前半と後半に、分類してください。

■ノートの真ん中よりも前半のページは↓「交渉相手」の情報

■ノートの真ん中よりも後半のページは↓「自分」の情報

を書き込みます。

交渉のときに使えそうな情報は、ジャンジャン書き込んでいってください。

簡単なメモでも構いません。参考になりそうな雑誌や新聞記事を切り抜いたり、資料などはコピーして貼ったりしてもＯＫです。

このように、情報を整理して仕分けすることで「戦略」を立てやすいのが、１冊のノートを使った最大のメリットです。


このあと、あなたが作った「口説きの戦略図」が、真骨頂を発揮します。

「共通点」が「口説きのポイント」になる

『準備ノート』のつくり方　ステップ7

見開きのページには、合計4列で、何行も箇条書きの【情報】が並んでいます。

わかりやすくするために、あらためて同じ内容には「＝」（イコール）、関連する内容には「⇒」など、記号をつけてみてください。

そして、その【情報】をじっくり見比べていくと……

なにかしら【共通点】や【焦点になる言葉】が見えてきます。

それをラインマーカーなどで、色分けしてみてください。

必ず何箇所かで、同じ言葉が出てきているはずです。それが、今回の【焦点になる言葉《キーワード》】。

つまり、お互いが関心のある【共通点】です。

「交渉相手」と「自分」の【共通点】を探し出せれば、交渉の余地はあります。【共通点】とは、お互いが理解し合える部分です。理解し合えるということは、「交渉相手」が共感できるということ。「交渉相手」が「自分」に歩み寄れる部分＝「交渉の糸口」が見えてきます。

つまり、それが**【口説きのポイント】**なのです。

【共通点】が見つかれば、「交渉の糸口」が必ず見つかります

実は、**「口説きの戦略図」を作った最大の理由は、「交渉相手」と「自分」の【共通点】や【焦点になる言葉《キーワード》】を探したかったから**です。

【口説きの戦略図】を大公開！

問題点	解決策
▲高額な出演料は払えない	◎２時間だけ来てもらう！
▲１人に２時間	◎時間がある時だけ参加！
４人で８時間（長時間拘束）	社長を人ごとに変えれば
	社長を増やせば、可能！
	◎出張と同じタイミングだと
▲往復の新幹線代を払う	新幹線代・宿泊代が浮く！
▲ホテルの宿泊代も払う	
	◎お金で買えない経験を提供
▲ゴールデンタイムではない	◎若者は観ている時間帯！
▲会社のPRにならない	◎若者・ビジネスマンにはPRに！
▲お金を損する可能性あり	◎興味ある投資案だけに参加！
	◎可能性のある人材に会える！
	◎社会貢献になる！
	◎社長は実現できなかった
	“夢”に投資したいはず
	※若い頃、過去の経歴を
	リサーチ！

POINT

つねに自分が「相手の立場だったら…」と考えてみる

『準備ノート』の見開きページ

「交渉相手」の情報 社長	「自分」の情報 新番組『¥マネーの虎』 大物社長をキャスティングしたい!
・お金持ち ⇒	▲お金がない（低予算）
・忙しい ⇒	▲収録には時間がかかる
・時間がない	
・地方に住んでいる ⇒	Q「毎週、わざわざ東京に
（本社は名古屋）	来てくれますか？」
・東京へは新幹線で移動 ⇒	▲新幹線代を払う
☆東京への出張がある！	（往復・グリーン車？）
（月に数回）	▲収録日は土曜・日曜
・地位も名声もある ⇒	Q「あとは何がほしい？」
☆若者には宣伝になる ⇒	▲深夜の番組
☆「会社の宣伝になる？」⇒	▲宣伝効果はない
・投資はリスクが高い ←	▲投資する番組
	▲番組で投資してほしい
	◎“夢”を叶える番組
☆若い頃の“夢”は… ←	Q「実現したい“夢”は？」
☆投資の経験はない… ←	Q「投資した経験はある？」
実は昔、投資してもらって	
今のビジネスが成功した！ ←	
※雑誌に記事があった!! ←	

▲　デメリット
◎　メリット・アピールポイント
Q　相手への質問・素朴な疑問

POINT
「共通点」や「キーワード」を探せれば、交渉の糸口☆が必ず見つかります

交渉の「仮想やりとり」が【見える化】！

このように「口説きの戦略図」を作ると、頭の中にあった情報が整理されて、シンプルに見えてきます。勘の良い人は、この段階の戦略図を見て、もう気づいたのではないでしょうか？

この戦略図は、記号を入れて図式化しているので、交渉するときに「なにが問題点なのか？」「なにが重要なのか？」がハッキリと浮き彫りになっています。

つまり、相手との交渉をシミュレーションした「仮想やりとり」が、ハッキリと**【見える化】**されているのです。しかも「話し言葉」で書いてあるので、脳にストレートに届いて、どんなに「重要な交渉」でも、スムーズに進むように作られているのです。

さあ、「口説きの戦略図」は完成しました。

続いて第4章では、D(Do)、つまり「行動」に移していきましょう。

Ready
NOTE

「気の利いたスピーチの準備には、たいてい3週間以上かかる。」

マーク・トウェイン（作家）

アメリカの作家。『トム・ソーヤーの冒険』『ハックルベリー・フィンの冒険』をはじめ、数多くの小説やエッセイを発表した。

エピソード 5

俳優・吉田栄作を口説き落とした方法

はじめて通った企画『¥マネーの虎』のMCを、吉田栄作さんにオファーした。しかし残念ながら、断られた。**普通であれば諦めてしまうが、『準備ノート』で戦略を立てていたからこそ、何度も出演交渉を続けることができた。**どうしても口説きたい相手がいる場合には、ぜひ参考にしていただきたい貴重なエピソードである。

頭の中で思い描いていた理想キャスト

深夜番組『¥マネーの虎』の企画書が通ったとき、僕のなかで、番組MCはすでに決まっていた。提出した企画書のキャスティング案にも、その名前をしっかりと書いていた。

そう、僕が『¥マネーの虎』の象徴的存在にしたかったのは……俳優・吉田栄作さんだ。

だから企画書が通った直後、すぐに出演交渉のオファーをした。吉田栄作さんの所属事務所に電話を入れ、企画書をＦＡＸで送ったのだ。

数日後、担当マネジャーから電話がかかってきた。

「バラエティー番組の司会などやったことがないので、お断りします」

瞬殺された。

まさか、こんなにも簡単に断られるとは……本当に、あっけなく断られたのだ。

しかし、僕のなかでは**『¥マネーの虎』の番組MCは、吉田栄作さんしかいない。**

番組を成功させるためには、俳優・吉田栄作でなければならない、という勝利の方程式ができていた。

だから、出演オファーを断られたあとも「断られてしまった……」と落ち込むのではなく、**「なんとかして、吉田栄作さんを口説けないものか……」と、毎日考え続けていた。**

俳優・吉田栄作にこだわる理由とは？

僕が吉田栄作さんを起用したかった理由は、いくつもある。

まず**「この企画を、ただのバラエティー番組にはしたくなかった」**からだ。

当時、番組MCなら「人気司会者の島田紳助さんがいいのでは？」という意見が多かった。

しかし、僕のなかでは「一番ありえないのが、島田紳助さん」だった。

誤解してほしくないが、決して島田紳助さんが嫌いなわけではない。

僕は島田紳助さんがMCを務めた『行列のできる法律相談所』の立ち上げメンバーだったし、紳助さんが『¥マネーの虎』の司会をすれば、面白くなることは簡単に想像できた。

しかし、それではテレビSHOWになってしまう。**僕が作りたかったのは、「今までにないリアルなトーク番組」だ。**トークと言うと語弊があるかもしれない。筋書きのない、ヒリヒリするような討論。視聴者が「このあと、どうなってしまうのだろう?」とドキドキするような生々しい番組だった。僕は「エンターテイメントとしてのショーアップする演出は、一切するつもりがなかった」のだ。

つまり、志願者と社長たちの「真剣なやりとり」を見せる、ドキュメント性の強い番組にしたかった。志願者はテレビに出演すること自体が、はじめての素人だ。大物社長と大金を前にすると、うまくプレゼンできない者もいる。頭が真っ白になってしまい、沈黙する者もいる。

しかし番組は、すべてそのまま放送した。

郵便はがき

切手を
お貼りください

105-0003

(受取人)

東京都港区西新橋2-23-1
3東洋海事ビル
(株)アスコム

すごい準備

読者　係

本書をお買いあげ頂き、誠にありがとうございました。お手数ですが、今後の出版の参考のため各項目にご記入のうえ、弊社までご返送ください。

お名前	男・女	才
ご住所　〒		
Tel	E-mail	
この本の満足度は何%ですか?		%
今後、著者や新刊に関する情報、新企画へのアンケート、セミナーのご案内などを郵送またはeメールにて送付させていただいてもよろしいでしょうか? □はい　□いいえ		

返送いただいた方の中から**抽選で5名**の方に
図書カード5000円分をプレゼントさせていただきます。

当選の発表はプレゼント商品の発送をもって代えさせていただきます。
※ご記入いただいた個人情報はプレゼントの発送以外に利用することはありません。
※本書へのご意見・ご感想およびその要旨に関しては、本書の広告などに文面を掲載させていただく場合がございます。

●本書へのご意見・ご感想をお聞かせください。

ご協力ありがとうございました。

実際に、番組が放送開始されると、「真剣なやりとり」や「リアルすぎるドキュメント」は、またたく間に話題を呼び、深夜番組でありながら、高視聴率を連発した。
「僕の狙いは、間違っていなかった」と証明されたのだ。

２回目の出演オファー

話は戻るが、吉田栄作さんの所属事務所には「バラエティーの司会などやったことがない」という理由で断られた。

しかし、僕はどうしても諦めきれず、なんとかして「もう一回、出演オファーしたい！」と心の中で決めていた。それと同時に、吉田栄作さんに出演を承諾してもらうために、いろいろな「戦略」も立てていた。

1週間後、僕は、同じ事務所で働いている知り合いのマネジャーに電話を入れた。
「実は一度断られたんだけど、もう一度、検討してもらえないかを頼んでほしい。できれば、吉田栄作さんに会えないだろうか……」

数日後、知り合いのマネジャーから連絡がきた。

しかし、またしても同じ回答だった……。**2回目のオファーも断られてしまったのである。**

断りの理由は、同じだった。ちなみに「**1回目の返答も、担当マネジャーの判断ではなく、本人の意向だ**」という。そりゃそうだ。吉田栄作さんくらいのクラスになれば、出演オファーが来たら、いったんは本人に伝える。もし断る予定の案件でも、一度は本人に相談するという手順を踏むものだ。

あきらめない理由は「あるエピソード」

僕は「どうして、こんなに良い企画なのに、オファーを受けてくれないんだろう?」と疑問に思っていた。今振り返ると、自分はなんてポジティブな性格なんだと思う。

「企画書しか送っていないから、本人に今回の企画意図がきちんと伝わっていないのでは?」と考えていた。つまり**企画意図さえ伝われば「吉田栄作さんは、絶対に番組に出演してくれるはずだ」と確信していたのだ。**

なぜなら僕には、「あるエピソード」から裏付けされた自信があったからだ。

実は、吉田栄作さんに出演交渉する1ヵ月ほど前、**企画書を提出する前に「吉田栄作とは、どんな人物なのか？」ということを徹底的に調べていた。**

「そもそも、俳優である彼に番組MCをオファーしても、受けてくれないのではないか？」という不安があった。そんな彼の性格や人柄を知りたくて、今までに仕事をしたことがある人や事務所の関係者に、徹底的に取材しまくったのだ。

その結果、僕は【吉田栄作という人物像】を、頭の中でハッキリとイメージすることができた。だから直接会って話さえできれば、「吉田栄作さんを口説くことはできる」と信じていた。

理由は、吉田栄作という人物は、この番組にぴったりな人間だったからだ。

もし僕が吉田栄作なら、絶対にこのオファーを受ける……そんな確信があった。

だから、知り合いのマネジャーを通じて「なんとか吉田栄作さんと直接会える機会を作ってもらえないか」と相談したのだ。

もし、そのチャンスを作ってもらえなければ、吉田栄作さんの出没する場所に直接アポなしで突撃しよう、とさえ思っていたくらいだ。

俳優・吉田栄作の人物像とは?

事務所の関係者を徹底的に取材した結果、あるエピソードを聞き出すことに成功した。

俳優・吉田栄作という人間を理解できる、貴重な【エピソード】である。

あるとき、吉田栄作さんに仕事のオファーが、2つ同時に舞い込んだ。

1つは、連続ドラマの主役。

もう1つは、単発ドラマの脇役だ。

連ドラは、ありがちなラブ・ストーリー。

単発ドラマは、とても質の良い原作ものだった。

出演料は、連ドラだと1話５００万円。1クール10話やれば５０００万円になる。

一方、２時間の単発ドラマは脇役なので、50万円。

出演料だけを比較しても、天と地ほどの差がある、この２つのドラマ。

でも、こんなとき吉田栄作さんは迷わず、単発ドラマを選ぶそうだ。

「脇役でもいい。ぜひ、この単発ドラマに出演したい！」

そう言って、作品性で選ぶという。

高額な出演料５０００万円には目もくれず、50万円の仕事を選ぶ。

彼は、そんな男だという。

事務所としては、出演料が高いほうが良い。

できれば連ドラをやってほしいに決まっている。

しかし、俳優・吉田栄作は、決して出演料では選ばない。自分が演じてみたい役かどうかで仕事を選ぶのだ。そんな吉田栄作のスタンスを認めている、所属事務所も素晴らしい。

僕は、このエピソードを聞いて、ますます吉田栄作が好きになった。「そういう人間なら、絶対にこの企画に乗ってくれるはずだ」と確信したのである。

しかし、2回目のオファーも、断られた。

僕は『準備ノート』で、戦略ルートを探し続けた。

「なんとかして、会いたい……。本人に会って、直接交渉したい……。こちらの意図をちゃんと伝えたい……」

懲りずに、3回目の出演オファーをすることに決めた。

いざ、3回目の出演交渉へ

再度、担当マネジャーに電話を入れた。

「大変申し訳ありませんが、吉田栄作さんに直接会って、お話をさせてください。直接本人に断られれば、僕も納得できるので。これが、最後のお願いです」

すると数日後、意外な返事が返ってきた。

「本人に会って話しても、お返事は変わらないと思います。ですが、どうしても会いたいというのであれば、@月@日の@時なら、本人は、別の打ち合わせで事務所に来ています」

「ありがとうございます！　ぜひ、お伺いさせていただきます!!」


なんとか、本人に会う機会を作ってもらえたのだ！


最初の出演オファーの電話を入れてから、実に、３週間が過ぎていた。

「この機会を逃したら、可能性はゼロ。ここで、なんとかして本人を口説き落としたい！」

言うまでもなく、力が入った。

マネジャーの粋な計らい

当時、吉田栄作さんが所属していた事務所は、表参道駅から徒歩1分の立地にある6階建てビル。受付を訪ねると、5階の打ち合わせフロアに案内された。吉田栄作さんは、他のフロアで、別件の打ち合わせをしているようだ。

30分後、本人が現れた！　**このとき、吉田栄作さんは「正式に断る」という表情をしていた。**初対面だが、そういう意志を感じた。

マネジャーさんは、同席していない。それに気づいた僕は、やっと状況を理解できた。

「(吉田栄作さん本人には、たった今、僕が来ていることを伝えたばかりなんだ……。そうか、僕が諦めきれないと言ったから、この場をなんとか設定してくれたのか……)」

マネジャーの粋な計らい。今、僕の目の前には、吉田栄作さんご本人が座っている。

1対1、サシでの話し合い。こんな機会は、最初で最後だ。だからこのあと、僕は全力で、吉田栄作さんを口説いた。

ここからは、吉田栄作さんと僕のやりとりの一部始終をご覧いただきたい。

まさに、1対1の『¥マネーの虎』がはじまる

僕は開口一番、「なぜ、この企画を受けてくれないんですか？」とぶつけた。

吉田栄作さんは「自分は、バラエティー番組には出演しない」と即答した。

僕は、すぐ否定した。

「バラエティー番組ではありません」

すると吉田栄作さんは、「でも、ここに書いてあるじゃないですか」と切り返した。そして、僕がＦＡＸで送った企画書のコピーを取り出し、テーブルに置いた。

僕は、心の中でつぶやいた。

「（ミスった……）」

たしかに**企画書の表紙には、しっかり「バラエティー」と書いてある。誤解を生むのは当然だ。**

しかし、こんなことで断られたくない……。

「この番組は、バラエティー番組ではありません。誤解するような書き方をして、大変申し訳ありません」と返した。

そして、「この番組は、バラエティーではありませんが、ドラマでもありません。情報番組でもありません。もちろん、ニュースや報道番組でもありません」と続けた。

「え？」

「今までにない番組なので、ジャンルはバラエティーという言葉を使ってますが、この番組は、とても真剣な番組です。よくあるお笑い芸人が出るようなバラエティー番組ではまったくありません。僕が所属しているバラエティー班で制作しますが、吉田さんがイメージしているようなバラエティー番組では決してありません。**今までにない新しい番組を作ろうとしているので、既存の番組ジャンルは、当てはまらないんです。**だから、企画書の表紙に、『現金投資バラエティー』と書いてありますが、この言葉は気にしないでください」

すると、吉田栄作さんは「僕は、お金に固執したことがないんですよ。だから、『現金投資』などという番組には、まったく興味がない」と答えた。

たしかに取材で知り得た、俳優・吉田栄作という人間は、お金には執着しない。

「（吉田栄作さんが言っていることは、本音だ……まったくブレていない）」

そう思った。

「企画書は、誰が読んでもわかりやすくないと伝わらないので、こういう表現をしています。ただ何度も言いますが、この企画自体、**今までやったことのない新しい試みなので、吉田さんが想像しているような、金にまみれた成金主義的な番組ではありません。**あくまでも、投資をしてほしい若者が出演し、社長に投資してもらうために、自分の夢や希望を熱くプレゼンする番組なんです」

僕は、次から次へと、吉田栄作さんの質問に答えた。「吉田栄作さんの不安を取り除いていった」という表現のほうが合っているかもしれない。

しかし、吉田栄作さんの意志は変わらない。

「自分は、俳優です。だから番組のMC、しかも司会なんてできない」

それに対して、僕はこう答えた。

「MCなんて、しなくていいです。司会もしなくていいです！」

「え？　どういうこと!?」

「企画書には番組MCと書いてありますが、司会なんてしなくてもいいです。多少は、番組のルールを説明することはありますが、吉田さんは、その収録現場に居てくれるだけでいいんです。**番組MCというよりも、立会人……いや、見届け人になってほしいんです**」

すると吉田栄作さんは、「なぜ、僕なんですか？」と聞いてきた。

僕は、彼の目をしっかり見て、話を続けた。

「**この企画は、アメリカンドリームのようなジャパニーズドリームを叶える番組です。**あなたは19歳で芸能界に入り、一気に芸能界の頂点にのぼり詰めた。そして今度は『ハリウッドで成功したい！』という野望を抱いて、日本の芸能界を一時引退した。単身でアメリカに渡り、ハリウッドで、映画のオーディションを受けまくった。ロサンゼルスで皿洗いのアルバイトをしながら、挑戦し続けた……」

「……」

「3年後……、日本に戻ってきた。**あなたは、番組に出場する志願者の気持ちが理解できるはずだ。**それは、自分自身が挑戦した経験があるからです。番組に出場する志願者は、自分の夢や野望を叶えたい人たちです。そんな挑戦者の気持ちが理解できる人、自分も挑戦したことのある人に、この番組の立会人をやってほしいんです。**日本の芸能界で、この立会人ができる人は、唯一、あなたしかいない！**」

「……」

「番組には、いろいろな志願者が出場します。その志願者を応援したい場合は、応援してあげてください。もしそうでない場合は、ひと言も、しゃべらなくていいです。俳優・吉田栄作ではなく、人間・吉田栄作として、この番組に参加してほしいんです」

「……」

「この番組は深夜に放送しますが、たぶん**日本で一番熱いトーク番組になります**。僕にとって、**日本で一番熱い男は……吉田栄作さん、あなたです**。僕が知っている吉田栄作は、とても熱い男です。芸能界でデビューしてから10年以上経ってますが、あなたは、まだ熱い。あなたのなかのハートは、まだ熱く燃えているはずだ！」

「……」

「そんな僕が知っているあなたなら、この番組のオファーを受けるはずだ。いや、この番組のオファーを受けるべきだ！」

「……」

そのあと、しばらく沈黙が続いた。

僕は、伝えるべきこと・伝えたい想いは、本人にすべて伝えた。

これで断られたら、仕方がない。

ちゃんと諦められる……清々しい気持ちだった。

すると、吉田栄作さんは、右手を出してきた。

次の瞬間、僕と吉田栄作さんは、固い握手を交わした。

そう、**僕の執念の出演交渉が実ったのだ。**

最後に、吉田栄作さんは、こう言った。

「1つだけ約束してほしいことがある。ドラマと違って、バラエティー番組は一度スタートすると、視聴率が悪くならないかぎり、毎週続くんですよね？　でも1年に1度だけ、長めの夏休みが欲しい……」

僕はそのとき、すぐに察しがついた。「長めの夏休み」とは、ハリウッドにオーディションを受けに行くための長期休暇のことだ。

俳優・吉田栄作は、僕が想像していた通り、いまだに現在進行形で挑戦し続けている熱い男だったのだ。

僕は、「喜んで、スケジュールを調整させていただきます」と答えた。

『¥マネーの虎』が起こした数々の奇跡

こうして、2001年10月6日（土）深夜1時20分、『¥マネーの虎』はスタートした。この番組が誕生するきっかけとなったのは、その約4ヵ月前にさかのぼる。

テレビ局の頭脳とも言える「編成部長」という役職に、高視聴率番組『進ぬ！電波少年』の現役プロデューサーが兼任するという、サプライズ人事が発表された。

抜擢されたT部長の提案により、次世代の若手クリエイターを発掘する目的で「深夜枠」が新設され、急遽、企画募集が行われた。ただし、**「3ヵ月以内に視聴率7％をクリアしなければ、半年で打ち切り」という条件付き**だった。『¥マネーの虎』は、その深夜枠で採用された企画・第1号である。

深夜の視聴率7％とは、ゴールデンタイムにおける視聴率20〜25％に相当する。調べてみたが過去に、こんな高視聴率を獲った番組はない。会社的には、「半年ごとに新企画を試す実験枠」という狙いだ。まさに『電波少年』のロケ企画のように、とんでもないハードルを設定したのである。

しかし、放送開始から1ヵ月半後、『¥マネーの虎』はT部長の予想を裏切り、ハードルを見事にクリア。その後も高視聴率を獲得し続け、毎週記録を更新した。一気に話題の的となり数々のバラエティー番組で、パロディー化された。当時、世間で知らない人がいないくらいの大ブームになった。

3ヵ月後には、異例のゴールデンタイム進出が決定した。

吉田栄作さんも僕も、「深夜の放送枠のままで、やらせてほしい」と断固反対した。しかし、会社の意向で、金曜の夜8時から放送することに決定した。**過去に、こんなスピード出世した番組はない。**

その後、番組は放送枠を変えながら、２００４年3月まで続いた。2年6ヵ月という短命な番組に終わったが、いまだに『¥マネーの虎』が大好きで、よく観ていたということを言われる。

総投資金額は、3億5千386万円！

いくらお金持ちの社長でも、今まで会ったこともないアカの他人に、たった1時間ちょっと話を聞いただけで「身銭を切って、投資する」という企画は、いま考えても前代未聞だ。

企画の最終プレゼンで、「面白いけど、これは夢のような企画だね。お金を出す人なんて、本当にいるの？」と言われた。僕は「日本中を探せば、いると思います。1カ月だけください。もし社長が見つからなければ、この企画は取り下げます」と答えた。

そのあと、すぐに【社長探し】をはじめた。日本中を探したが、ことごとく断られた。

それでも諦めなかった。日本中を探せば、必ず5人は揃うと思った。そう信じて、探した。

そして……いたのである。本当に、大金を出す社長がいたのだ。300人以上交渉したころ、やっと1人の社長が出演をOKしてくれたのだ。

そこに野望を持った志願者が、続々と現れたのも事実である。

「虎」と呼ばれる社長たちの最終的な総投資金額は、3億5千386万円。

「志願者」と呼ばれる投資を受けた者のなかには、年商数十億円というビジネスにまで成長させ、今では自らが「虎」になった者までいる。

海外に輸出！　世界184の国と地域で放送中

番組終了後、**『¥マネーの虎』は本格的に、海外にも輸出された。現在、世界35ヵ国以上で現地版が制作され、184の国と地域に番組が販売されている。**「視聴率7％を取らなければ、半年で打ち切り」という条件付きでスタートした深夜番組が、放送が終了した今でも、世界中で放送され、愛され続けている。

日本の「虎」が、イギリスでは「龍」、アメリカでは「サメ」、ケニアでは「ライオン」に姿を変えて、世界を席巻中だ。

たとえばイギリス版『¥マネーの虎』のタイトルは、**『Dragons' Den』**。イギリスの国営放送BBCで2005年にスタートし、15年目を迎える人気番組だ。ちなみに、イギリス版の映像は、ビジネスノウハウを学ぶための「教育プログラム」として、ビジネススクールや企業にも提供されている。

アメリカ版には、オバマ夫人も特別出演！

アメリカ版のタイトルは、**『SHARK TANK』**。全米4大ネットワークABCで2009年にスタートし、11年目に突入した。

アメリカ版には、なんと**ミシェル・オバマ夫人も特別出演**しており、その後、**シャークたちはホワイトハウスに招待された。**そのほかにも、**ハリウッド俳優のアシュトン・カッチャー、ヤンキースのアレックス・ロドリゲスなどのセレブリティも、ゲスト投資家として番組に参加**している。

ちなみにアメリカ版は、2014年から4年連続で「エミー賞」を受賞した。**日本発の番組が「エミー賞」を獲得したのは、はじめてだ。しかも4年連続受賞は、史上初の快挙である。**

そのほかにも世界中の国々で、数々の優秀作品賞を受賞。番組をきっかけに、社長たちまで有名になっている。なかには大統領選に出馬した社長もいる。

1つの番組が、世の中に与える影響は大きい

かつて、スタジオジブリの宮崎駿監督は「1つの作品で、世界は変えられる」と言った。

僕も「1つの番組が、世の中に与える影響は想像以上に大きい」と信じている。

当時、「起業」という言葉は、あまり馴染みのないものだったが、今では当たり前に使われている。最近では、「会社に就職するよりも、起業したい」という若者まで増えた。「投資」という言葉も一般的になり、ベンチャー企業への投資もさかんに行われている。

粘り強く交渉するためのコツとは？

僕が、今回の経験を通して伝えたいことは**「信念を持っているならば、絶対に諦めてはいけない」**ということだ。交渉相手に真正面から向き合い、相手の疑問や不安を取り除いていけば、必ずＯＫをもらえるはずだ。

相手は、ちょっとした文字面の言葉にネガティブになっているだけで、実は、それは取るに足らないことというケースは意外に多い。本人に会って直接話してみると、今まで本人が懸念していたことが、ウソのように解消するケースもある。

だから、一度断られても、諦めてはいけない。
そして、二度断られても、諦めてはいけない。
『三度目の正直』という言葉がある。
もしかしたら僕のように、三度目でＯＫをもらえるかもしれない。

僕は断られた当初、「なぜ、吉田栄作さんは、この番組のオファーを受けてくれないのだろう？」と自問自答しながら、**「もし吉田栄作さんに会えたら、こんなことを伝えよう！　こんなことを伝えたい!!」と準備を続けていた。**

そういう準備が、重要だと思う。

チャンスは、いつやって来るかわからない。
だから、もし本気で口説きたいのであれば、着々と「準備」だけは進めるべきだ。

準備に、お金はかからない。

自分が汗をかくだけだ。汗をかけば、大抵のことはできる。
そして、もし「交渉の場面」を獲得することができたなら、今まで準備したことを、全力で伝える。それ以上でも、それ以下でもない。それだけだ。

交渉相手を「自分の理想の結婚相手だ」と思えば、粘り強く口説ける。口説くための準備にも慎重になるし、時間もかけるはずだ。そうすれば、必ず、相手の気持ちが動くはずだ。

実は番組が終了したあと、吉田栄作さんと、はじめて事務所で会ったときの思い出話をしたことがある。
吉田栄作さんは「1回断ったのに、2回も3回もオファーしてくるなんて、いったいどんな人間なのか？　逆に、一度会ってみたいと思った」と、僕に笑って言った。

相手にとって、印象に残ることは良いことだ。

もうその時点で、アドバンテージを得たようなものだから。

「自分にとって、一番大切なことは、試合前に完璧な準備をすること。」

イチロー
（プロ野球選手）

日本プロ野球ではMVP、首位打者、ゴールデングラブ賞など数々の賞を獲得。日本人初の野手としてメジャーリーグに移籍後も、活躍を続け、シーズン最多安打記録などを樹立。

エピソード 6

日テレに、織田裕二が初登場！

「はじめて会った人と、うまくコミュニケーションを取るためには、どうしたら良いか？」。このような悩みを抱えている人は多いはず。これからご紹介するのは、**「言葉」以外の【コミュニケーション・ツール】を使い、最高の結果を導くことができた珍しいエピソードである。**

バラエティーからドラマへ

僕がドラマ班に異動したのは、２０１３年の６月。

その翌年、すぐにスペシャルドラマを初プロデュースし、初監督もすることになった。

はじめてのドラマでありながら、主演は……なんと、あの人気俳優・織田裕二さんだった。

僕はそれまで、バラエティー番組を数えきれないくらい作ってきた。

だから、芸人さんもタレントさんも、僕のことをよく知っている。


しかし、**俳優さんにとって僕は、まったく無名のプロデューサー**。

いくらバラエティーの世界で名前が知られていても、「ドラマ」というジャンルにおいては、右も左も分からない1年生だ。極端なことを言うと、**バラエティーで数々の実績を残していても、ドラマでは、そんなことはまったく関係ない**。俳優さんの所属事務所に出演交渉に行くと、「一見さん」扱いされた。

主演クラスの俳優さんが「連続ドラマ」に出演するのは、だいたい年に1回だ。

だから、おのずと作品選びにも慎重になる。最近では、主演ドラマの視聴率が悪いと、すぐにインターネットでニュースになってしまう。「□□は視聴率を持ってない」などと、手厳しい主演バッシングまで巻き起こる。

そもそも視聴率は、テレビ局と広告代理店の人しか知らない数字だった。しかし最近では、一般の方のほうがよく知っている。「あのドラマは、視聴率が悪いんでしょ？」と話題になってしまうのだ。

だから主演俳優は、できるだけ高視聴率が狙える、「良質なドラマ」に出演したいと思っている。

人気俳優と所属事務所、1年以上先の「準備」とは？

人気俳優は、民放全局からドラマの出演オファーがある。映画のオファーも、同時にたくさん舞い込む。しかも、1年以上先の作品へのオファーばかりだ。

所属事務所は、すべての企画書が出揃ったところで、「どの企画が一番良いか？」と検討をはじめる。「来年は、どの時期に、どんな作品に出演すべきか？」「3年後、5年後は……」という数年先のビジョンも含めて、作品を選ぶのだ。その作品選びが、もっとも難しい。

なぜなら、その段階では、まだ「脚本」が存在しないからだ。基本的には、ほとんどの企画が「プロット」はあるものの、「脚本」は、まだ1行も書かれていない。**担当マネジャーは、企画書だけで、「どの作品に出演するか？」を決めなければならないのだ。**

とはいえ、企画書だけで、出演するかどうかを判断できるマネジャーは、ほとんどいない。だから、たいてい「脚本家は、どなたですか？」と質問される。

どんなに面白い企画でも、脚本が良くなければ、ドラマは決して面白くならない。つまり、脚本家の名前を聞けば、その作品がヒットするかしないかを判断できる。有名な人気脚本家であれば、ドラマの仕上がりもイメージでき、安心材料になるというわけだ。

もし有名な脚本家でなかった場合は、次に「監督は、どなたですか？」と質問される。たとえ**脚本家が無名だとしても、実力のある監督であれば、演出力でカバーできる**ので、ドラマが成功する可能性は高い。実際に、脚本はたいして面白くないドラマでも、監督の腕によって、ヒットしたドラマは少なくない。

つまり、ドラマにおける脚本家と監督は、俳優にとっては、作品のクオリティーを決定づける、ものすごく「重要な要素」である。一方、マネジャーにとっては作品を選ぶうえで、とても「重要な判断材料」になるのだ。

「企画書」と「プロット」だけで人気俳優をブッキング

僕がはじめて手掛けたのは、織田裕二さん主演のスペシャルドラマだとお伝えしたが、これまでの話を踏まえると、当然、織田裕二さんの所属事務所も、「脚本家は、誰なのか？」とか「監督は、誰なのか？」を気にしたと思われるだろう。

しかし、**織田裕二さんも所属事務所のマネジャーさんも一切、そんなことは気にしなかった。**

「企画書とプロットを読んで、とても面白かったから、このドラマのオファーを受けようと決めた」と答えてくれたのだ。

もちろん、僕が「ドラマ未経験」という話も事前に伝えた。今までずっとバラエティー畑で、ドラマを一切やったことがないことも、すべて承知したうえで、オファーを受けてくれたのだ。

これが、いかに凄いことなのかは、前述した最近のドラマ事情からも想像できるはずだ。「脚本家」も「監督」も関係なく、**純粋に「企画書」と「プロット」だけで、ドラマの主演を承諾してくれたのだ。**僕は、「なんてすごい人達なんだ！」と思った。

こうして織田裕二さんが、はじめて日本テレビに出演することになった。ドラマ班はもちろん、日テレ社内全体が沸いたのは言うまでもない。

はじめての人と仕事をするための「準備」

俳優さんは、今までタッグを組んだことのある監督の場合、「どんな作品に仕上がるのか？」を予想することができる。もし、その監督とはじめて仕事をする場合は、監督の過去のドラマ作品を見て、イメージを膨らませる。

しかし僕の場合は、そういう見せるべきドラマ作品が1本もない。だって、はじめてドラマを監督するのだから。僕が作ったバラエティーなら、見せたい番組はたくさんあるが、それを見せてもどうにもならない……。

どんな人でも、はじめての相手と仕事をする場合には、探り探りだ。

新しいものを生み出そうとする場合は、**お互いが頭の中でイメージしているものを擦り合わせることが、なかなか難しい。**

とくに、共通言語が見つからない場合は、とても難しい。

ここでは、僕の「頭の中にある主人公のイメージ」を、なんとかして織田裕二さんに伝えるために試行錯誤して、考え出した実践エピソードを紹介する。

このエピソードは、**どんな職業の方でも応用できる「コミュニケーション手段」**だ。

あなたが、自分オリジナルの「新しいコミュニケーション方法」を生み出す【ヒント】にな

るに違いない。

映画やドラマの「本読み」という準備

「本読み」とは、映画のクランクイン前に、出演者同士が「脚本を読み合わせ」することだ。

通常、会議室やリハーサル室のような場所に、主要キャストが一堂に会し、ロの字型で向かい合うように配置された座席で、座ったまま行われるのだ。

本読みの目的は、**それぞれの俳優さんが、自分の役柄をどんなキャラクターで演じるかを、監督やプロデューサーが、事前に把握しておくためである。**

俳優さんは脚本を読み込んで、何日もかけて役作りをする。自分なりにキャラクターを完成させたうえで、撮影に臨む。

たとえ同じセリフでも、しゃべり方で登場人物のキャラクターは、ガラッと変わってしまう。そのため、セリフの速さ・声の出し方・声のトーンなど、役の印象が変わる要素をすべて確認しておきたいのだ。

本読みの際、監督は、セリフのニュアンスや役の雰囲気などが、想像していたキャラクターと違う場合、その場で中断して修正する。ちなみに、大御所脚本家の倉本聰さんは、本読みに参加して、「このセリフは、もっと強く偉そうにしゃべってほしい」など、本人自らがアドバイスしたりする。

俳優さんは、本読みで共演相手のキャラクターや演技の方向性がわかるので、それを受けて役作りを軌道修正したり、微調整したりできる。そして本番の撮影に向けて、さらに役作りを進めて完成させるのだ。本読みという「準備」は、実によくできたシステムである。

本読みは「映画」ではよくあるが、最近の「ドラマ」では、めったにやらない。なぜなら、主演以外の俳優さんは、同じ放送期間で２つのドラマに出演したり、同じ時期に映画とドラマを掛け持ちで出演したり、忙しくてなかなかスケジュールが合わないからだ。

僕は、はじめてドラマを監督するので「本読みは、絶対にやりたい！」と打診していた。織田裕二さんも同じ考えで、すぐに快諾してくれた。

しかしこのあと、通常とは異なる「本読み」を行うことになる……。

俳優・織田裕二の「プロフェッショナルな準備」とは？

通常の「本読み」は、出演者一同が会議室にあつまり、1ページ目からセリフを読み合わせしていく。しかし今回は、全員が揃う「本読み」の前に、織田裕二さんと僕だけで「本読み」をすることに……。

実際は、**僕のためだけに織田裕二さんが「本読み」をしてくれた**という表現のほうが正しいかもしれない。

今回のスペシャルドラマの主人公は、織田裕二さんがデビュー以来、演じたことのない役柄で、とくにハイテンションなセリフが多い。あの『踊る大捜査線シリーズ』の青島刑事よりも明るくて、渋くて落ち着いた『アマルフィ　女神の報酬』の黒田康作外交官とは、１８０度も異なるキャラクターだ。

だから、「どこまでテンションを上げればいいのか？」を織田裕二さん本人も探っていた。

実は、脚本を渡したあと、何度か、織田裕二さんから直接電話がかかってきていた。

「□ページの□□□□□というセリフは、こんな感じで合ってますか？」と電話の向こうで、演じてくれるのだ。僕は、「いや、もう少しテンションを上げた方がいいです」などと返答し、「ああ、そうですね！　わかりました」という感じで終わる。

こういった細かいニュアンスのやりとりが、電話で何度か行われたこともあり、**僕たちだけで「本読み」をすることになった**のだ。

主演俳優が１人だけで「本読み」

こうして主要キャストが一堂に会しての「本読み」ではなく、主演俳優・織田裕二さん１人だけの「本読み」を行うことになった。場所は、織田裕二さんの所属事務所。参加者は、僕と織田裕二さんと事務所の社長兼マネジャーの3人だ。

1ページ目から、織田裕二さんは、主人公・柳州二のセリフを読んでいく。僕は気になる部分が出てくると、その場で止めて、「もう少し、こういう感じで」と伝える。するともう一度、織田裕二さんはセリフを読み直す。

このやり取りが繰り返し行われた。


この「本読み」という作業は、おそらくあなたが想像している以上に大切で、「役作り」にとっては欠かせない。


映画もドラマも、身振り手振りを付けて演技をすると、なんとなく誤摩化せてしまう。でも、カラダの動きを付けないでセリフのみで役を演じることは、俳優さんにとっては、非常にむずかしい。

だから、「本読み」をすると、一気に役に近づくことができるのだ。もちろん、たった1人の「本読み」でも、織田裕二さんは一切、手を抜かなかった。

「本読み」で共通言語が生まれる

主人公の話し方や声のトーンが決まると、おのずと「主人公は、こんな服を着ているはずだ」というイメージも湧いてきて、衣装の雰囲気や方向性も決まる。

さらに、「こんな小道具を持っていたら、主人公っぽいよね？」とか「こんなクセがあってもいいのでは？」と、どんどんキャラクターのイメージが膨らみ、構築されていく。

つまり、この「本読み」という作業で、いろいろな初期設定ができる。**俳優さんと監督が、同じ世界観を共有できて、共通言語が生まれる瞬間**なのだ。

１時間くらい「本読み」をしたころ、織田裕二さんが役作りしてきた主人公の人物像と僕がイメージするキャラクターが少し違うので、「また日を改めて、再度、本読みしませんか？」と向こうから提案された。

ほんのちょっとしたズレではあるが、このボタンの掛け違いのまま進むと危険なので、僕も「日を改めましょう」と返答した。

試行錯誤し、1週間かけた「準備」

次回の「本読み」は、1週間後に決まった。

2回目の「本読み」までに、僕は「なにか、自分ができることはないか？」と悩んでいた。あんなに織田裕二さんが真剣に役作りをしているのに、僕は、それを見て感想を言うだけでいいのだろうか？

織田裕二さんの役作りのために、なにか協力できることはないか？

ドラえもんの秘密道具のような、なにか役作りの手助けになる「秘密兵器」は、ないか？

僕は、『準備ノート』を作り、戦略ルートを考えた。『準備ノート』は、どんなに難しい局面でも応用して使える。「もしかしたら、コレを使えば、本読みがうまくいくかもしれない」という打開策を見つけようと、模索した。

世界観を共有できる「秘密兵器」を投入

1週間後、**2回目の「本読み」の際に、僕は『あるもの』を持参した。**
それは……**CD音源だ。**

いろいろと試行錯誤するなかで、僕は音効さんに相談をしていた。音効さんとは、正式には「音響効果」とか「サウンドデザイナー」と呼ばれる、「作品に音を付ける人」のことだ。

通常ドラマでは、作曲家にお願いし、劇伴と呼ばれる、劇中で伴奏されるオリジナル楽曲を制作してもらう。その楽曲をシーンに合わせて、ちょうどいい長さに編集し、完成したドラマの映像に「音楽」や「効果音」を付けるのが、音効さんの仕事だ。

ちなみに「効果音」とは、鳥のさえずり、犬や猫の鳴き声、車や電車、人の足音など、日常生活で聴こえる生活音や環境音のことをいう。バラエティー番組では、おもにテロップが入るタイミングで、「シャキーン」とか「ジャジャーン」というSE音などを、効果的に付ける。

ドラマでは、『音楽』がとても大事だ。
どんな『BGM』を流すかによって、作品の印象はガラッと変わってしまう。**作品の完成度を左右するのは『音楽』と言っても、言い過ぎではない。**

しかし僕は、音楽に関してあまり詳しくない。というより、疎いと言ったほうが正しい。

そこで音効さんと一緒に、脚本を1ページ目から読み進めながら、「このシーンでは、こんな雰囲気のBGMを流したいんだけど、どうしたらいいかな?」と相談したのだ。

音効さんは、僕のイメージするBGMを、自分が持っている何千曲というCDライブラリーの中から、シーンごとに「この曲は、どう?」と選曲してくれた。

最終的に、ドラマのシーン1からラストシーンまで、スペシャルドラマ約2時間分のBGMを選曲したのだ。主人公のテーマ曲や心情を表現する音楽など、既存の邦楽や洋楽のCDから、実に30曲以上。**このBGMを織田裕二さんに聴かせながら、「本読み」をするという作戦だ。**

前代未聞！「BGM」を流しながら本読みがスタート!!

「このシーン1なんですが、放送では、こういう『音楽』を流したいと考えています」

そう伝えて、『BGM』を織田裕二さんに聴いてもらった。そのあと、シーン1の本読みに入る。すると**前回とはまったく違い、僕がイメージするぴったりの主人公に変わったのだ。**

織田裕二さんは、「BGMがあると、芝居のイメージが湧きやすい」と喜んでくれた。

なぜなら、シリアスなシーンは「どこまで、シリアスに演じていいのか?」、楽しいシーンは「どれくらい、弾けた演技をしていいのか?」を、具体的にイメージできるからだ。

その後も、各シーン用に選曲してきた『BGM』を背景に、本読みが続いた。

その結果、2回目の本読みは、想像以上にうまくいった。

実は、選曲をしようと思ったきっかけは、27年前に聴いたラジオ番組だ。

当時、サザンオールスターズの桑田佳祐さんが、映画『稲村ジェーン』を初監督したときのエピソードを思い出したのだ。桑田佳祐さんは、撮影現場にギターを持参していた。休憩時間になると、出演者が退屈しないようにギターを弾いたそうだ。

「このシーンでは、こういう曲をかけたいんだよね」

桑田さんは、即興でギターを弾きはじめた。

すると、**俳優さん全員が「なるほど、そういう感じですか！」と言って、休憩後とても良い演技をした。**その結果、桑田佳祐監督は、イメージ通りの素敵なシーンを撮影できたそうだ。

このエピソードを聴いたとき、**「音楽って、なんて素晴らしいんだ！」「音楽に、言葉なんて必要ない！　言葉を超えるコミュニケーション手段だ！」**と感動したのを覚えている。まだ僕がテレビ局に入社する前、学生時代のころの記憶だ。当時から桑田佳祐さんの大ファンだったので、いまでも鮮明に覚えている。これも『準備ノート』を使い、戦略ルートを考えたことがきっかけで、思い出すことができた。

通常、ドラマでは「劇伴」と呼ばれる楽曲を制作する。既製の曲を使うのではなく、作品に合わせて作曲家にお願いし、「オリジナルの楽曲」を制作するのだ。まず最初に作曲家と打ち合わせしてイメージを伝え、最終的には完成した映像を見てもらい、劇伴は完成する。だから撮影の前に、楽曲が存在しないのは当たり前だ。

しかし今回は、織田裕二さんにドラマの完成形を少しでもイメージしてもらうために、既製のＣＤから選曲した。この**ありそうでなかった「準備」をした**（＝手間も時間もかかるので、ドラマ業界では、たぶん、誰もやらなかったコミュニケーション手段を採用した）**おかげで、このスペシャルドラマの撮影は、成功した。**

視覚的なデザインは、『音楽』と同じく、言葉など必要ない

織田裕二さんに、「バラエティー番組では、いつもこうするんですか？」と聞かれた。

たしかに、バラエティーは『テーマソング』を早い段階で決めている。番組タイトルも早めに決めるし、番組ホームページやポスターなども、早々にデザインする。

同時に、番組の『ロゴ』『マーク』『キャラクター』などもデザインし、『オープニングＣＧ』も発注する。これはすべて、同じ世界観で統一されなければならない。

このように、ドラマと違い、バラエティーは短期間で番組を立ち上げるため、制作スタッフが「番組の世界観」をイメージしやすいビジュアル素材を、どんどん決めて、提示していく。その点では、**僕が取り入れた方法は、バラエティーの制作スタイルに近いのかもしれない。**

今回の『音楽』もそうだが、みんなが同じ世界観を共有し、早めに同じ方向を目指すための『航海図』は必要だ。とくに言葉を必要としない『ビジュアル』を使ったコミュニケーション手段は、とても有効になる。

ぜひ、あなたも「独自のコミュニケーション方法」を編み出してみては、いかがだろうか？

ドラマとバラエティーの決定的な違い

実は、このエピソードには後日談がある。視聴率は良かったが、期待されたほどの高視聴率を獲ることができなかったのである。その理由は、僕の編集のせいだ。

放送後、ある先輩に指摘された。「ドラマは、余韻を楽しむもの。バラエティーの感覚では少しゆるいと思っても、少し間をつけることによって、視聴者は考えたり想像したりしながら、観ることができる。ドラマは、視聴者と対話しなければいけないんだよ」と。

たしかに、そうだ！　僕はバラエティー番組のテンポで、ドラマを編集してしまったのだ。だから、ドラマならではの読後感というか、カタルシスが物足りなく感じた。このようなことを防ぐためにも、「編集マンを雇うべきだった……」と反省した。

通常、ドラマには「編集マン」と呼ばれる、編集を専門とするスペシャリストがいる。一方バラエティーでは、そういう編集専門の担当者はいないので、自分で編集する。僕は周囲から「編集マンは雇ったほうがいいよ」とアドバイスされていたが、人件費がもったいないので、雇わなかった。バラエティーと同じように、自分で編集したのだ。それが失敗だった……。

ちなみに、編集マンを雇う**最大のメリットは、「客観性」を保つことができる**ことだ。編集マンは、撮影現場にはまったく来ない。撮影された素材だけを見て、自分が良いと思った素材を選んで、編集する。つまり、撮影にまつわる余計な情報を知らないので、先入観を持たないで編集できる。実は、これがとても重要である。

たとえば猛暑の中、撮影スタッフが大変な苦労をして収録した素材だとしても、編集マンにとっては、まったく関係ない。ドラマにとって**「編集マン」は、つねに客観性を保ち、冷静な判断ができる唯一の存在**なのだ。

だから今回、もし編集マンを雇っていれば、織田裕二さんの素晴らしい演技を、もっと贅沢に使っていただろう。僕の思い入れなど関係なく、つまらないと思ったシーンは、バッサリとカットしてくれたはずだ。僕は脚本を書いて、プロデューサーも監督もやった。だから撮影に時間をかけたシーンには、思い入れがある。そういう点でも、客観性が欠けていたのだ。

20年以上もテレビ番組を作ってきたが、ドラマは初体験。**はじめてだからこそ、陥ってしまった「落とし穴」**だった。もちろん、それ以降のドラマでは編集マンを雇うようにしている。

実は、**ドラマ関係者にもっと驚かれたのが、「記録さん」も雇わなかったことだ。**人件費がもったいないし、自分が撮影した素材は、自分で覚えている。以前、映画監督の三池崇史さんも同じ理由で、「記録さん」を雇わなかったそうだ。

僕は『¥マネーの虎』以降、自分が良いと思ったことを貫いて、結果を出してきた。しかし、この作品を通して、「まったく別の新しいジャンルに挑戦するときは、気をつけたほうが良い」と痛感した。

ドラマって、本当にむずかしい……(苦笑)。

「明日という日は、今日、準備をする人たちのものである。」

マルコムX
（公民権運動活動家）

アメリカの黒人公民権運動活動家。ムスリム・モスク・インクおよびアフリカ系アメリカ人統一機構の創立者でもある。都市における黒人解放運動に大きな影響を与えた。

すぐに使える！『すごい準備』【超細いふせん㊙読書法】

僕は、本が好きです。ビジネス書も雑誌も、たくさん買います。

そんな**読書のときの相棒であり、必需品が「ふせん」です。それも縦4ミリ、横4・5センチの「超細いふせん」**。コレが、すごい便利なんです。あなたは使ったことがありますか？

よく本を読んでいて、気になるアイデアや面白いエピソードに遭遇したとき、メモするのは少し面倒くさいもの。蛍光ペンでアンダーラインを引く人も多いと思いますが、その場合は、あとで本をパラパラめくって、そのページを探さなくてはなりません。もう一度読み直すのは大変だし、それこそ時間がもったいない。電車での移動中の読書は、立っているのでメモするのは大変です。でも「しおり」代わりに、この「超細いふせん」をはさんでおけば、いつでも貼ることができます。

しかも、この**「超細いふせん」のメリットは、どこに目をつけたかが、すぐわかる優れもの。**

使い方は、簡単です。気になった言葉が書かれている行の一番アタマにふせんを貼るだけ。そうすると、わざわざラインマーカーで線を引かなくても、どの行に注目したのかが、すぐにわかります。もし長方形や正方形の「書き込み型のふせん」だとサイズが大きいので、どこに着目したのかがわかりません。ふせんのついた1ページ42×15＝630文字を、もう一度読み返すことになってしまいます。それって、時間がもったいないですよね。この「超細いふせん」であれば、気になっていた有益な「キーワード」にたどり着くことが簡単にできるんです。

さらに、この**「超細いふせん」は1セットが5色入りなので、「色分け」して貼る**ことができます。**あとで見返すときのためにも、「テーマ」ごとに色を決めておきましょう。**

たとえば、青色は「仕事で使えるネタ」、ピンク色は「プライベートで使えるネタ」、緑色は「健康ネタ」、オレンジ色は「グルメネタ」など、イメージで色を決めておけば良いのです。僕は「重要なもの」「もう一度すぐ読みたいもの」には、黄色のふせんを貼ると決めています。そうすれば**10年後、この本を手に取ったとしても、一発で見たいページを開くことができます。**すぐにお目当てのページの「キーワード」に、瞬間的にたどり着くことができるんです。コレって、すごいですよね。

僕は、**情報は必要なときに、一瞬で取り出すことができなければ自分にとって役に立たないもの**と考えています。だから読書をするときは、いつもこのふせんを貼る習慣をつけておくと、あとで時間をロスすることがありません。

たとえ本を開かなくても「ふせん」の数を見れば、この本は「ふせん」がたくさんついているから自分にとって大事な本だ、とひと目でわかります。自分の部屋のスペースの問題で、本を処分しなければならないときに、どの本が大事かわかりますし、もう一度読み直すなどというムダな時間を使わなくて済むのです。

ページの端を折る「ドッグイヤー」という方法もありますが、あまりオススメできません。それは、ブックオフなどで中古買い取りをしてもらうときに査定額が落ちたり、引き取ってもらえないことがあるからです。ラインマーカーで線を引いた場合も、同じです。

この「超細いふせん」式すごい準備は、一番簡単で効率が良く、そのあと本を中古ショップに売ることもできる最高の方法だと思います。ぜひ一度、試してみてはいかがですか？

第4章

相手の気持ちを動かす『すごい準備』応用編

準備ノート式【口説きのメソッド】99%断られない！㊙8つの法則とは？

準備ノート式【口説きのメソッド】

第3章では、『準備ノート』のつくり方を解説しました。
この章では、**RPDサイクルのD（Do）つまり、行動・実行するときの技術を解説**します。

私たちは日頃、さまざまな「交渉の場面」に直面します。
あなたは、それぞれの交渉に関して、はたして何%の確率で成功していますか？
80%ですか？　それとも50%？

僕は、今まで仕事で、数々の交渉をしてきましたが、ほとんど断られたことがありません。

理由は、『準備ノート』（Ready）で戦略（Plan）を立て、そのあと行動（Do）に移してきたからです。

99％断られない㊙8つの法則

これから紹介する【口説きのメソッド】は、僕の経験から導き出された㊙8つの法則です。あらゆる「交渉の場面」で、相手の気持ちを動かすためのヒントになります。

新商品を売り込んだり、会社でプレゼンしたり、好きな人に告白したり、あらゆる場面で、99％断られない法則です。

この法則を身につければ、まさに百人力。きっと、あなたの「交渉力」や「交渉の技術」がレベルアップするはずです。ちなみに、さまざまな「交渉の場面」があるとは思いますが、なかでも僕は「社長」を説得するのが、最もむずかしい交渉だと考えています。

逆に言えば、**もし社長を説得する技術があれば、どんな交渉相手でも、簡単に説得することができるはずです。**『￥マネーの虎』の社長を口説いたときの体験談や具体的なエピソードを例にあげながら、わかりやすく解説していますので、ぜひ参考にしてみてください。

99％断られない㊙8つの法則

① 「マイナス」は「プラス」に変えられる！
② 「相手」を知れば知るほど、成功率が上がる！
③ 「交渉」は「恋愛」に置き換える
④ 「妄想シミュレーション」のすすめ
⑤ 「前例がない！」は、ポジティブ要素
⑥ 「新しいこと」を提案する
⑦ 「YESマン」ではなく「NOマン」に！
⑧ 「おもしろい！」が、人の気持ちを動かす

準備ノート式【口説きのメソッド】①

「マイナス」は「プラス」に変えられる！

『¥マネーの虎』で「口説きの戦略図」を作ったとき、自分の【情報】がデメリットだらけでした。でも、まったく不安にはなりませんでした。なぜなら、**一見マイナスの材料も見方を変えれば、一気に１８０度転回し、プラスに変えられる**ことを知っていたからです。

僕の知り合いの不動産屋さんに、どんなに「人気のない物件」も必ず借り手を見つけてくる凄腕の営業マンがいます。その人にぴったりの物件を見つけることで、有名な営業マンです。彼には、売れない物件などありません。

たとえば賃貸マンションは、東向きや南向きなど、日当たりの良い物件が人気です。北向きで、日が当たらない物件は人気がありません。しかし、その凄腕の営業マンは、日が当たらずまったく「人気のない物件」の契約を、いとも簡単に決めてきました。

なぜ、契約を結ぶことができたのか……わかりますか？

とくに家賃を安くしているわけでもありません。むしろ場所的には、家賃は高めです。でも借り手は「人気のない物件」なのに、とても喜んでいます。

さて、正解は……借り手が「日当りの良い物件」を嫌がり、「日が当たらない物件」を好む職業の人だったからです。借り手は、ホストクラブに勤務している人でした。

ホストクラブの営業時間は、夜です。だから、その人は早朝に帰宅します。これから寝ようとするときに、東向きや南向きなど「日当りの良い部屋」だと寝られません。

逆に、北向きの「日が当たらない部屋」は、安眠を邪魔されないので、ぐっすり寝られて好都合なのです。

つまり、誰もが「日当りの良い物件」を借りたいわけではない、ということです。ある人にとっては最悪の物件でも、ある人にとっては最高の物件なのです。

どんなに人気のない物件も「その物件を、ぜひとも借りたい！」という借り手を見つけて、契約をまとめてくる優秀な営業マン。

この商談の極意は、どんな交渉でも役に立つので、ぜひ参考にしてください。

僕は、この営業マンのように、『¥マネーの虎』にも社長が出演したくなる「プラスの材料（＝魅力）」が、必ず1つはあると信じて、いろいろな角度から「デメリット」を「メリット」に転回させて、プレゼンしました。

たとえば、放送の時間帯はゴールデンタイムではないので、普通に考えると、深夜番組は、会社の宣伝にはなりません。しかし「逆転の発想」で考えると、違ったアピールができます。「深夜1時に放送する深夜番組」というマイナス材料を、プラスに変えられるのです。

僕は、次のように説明しました。

「夜8時や夜9時のゴールデンタイムに、テレビの前にいない若者が深夜1時には帰宅してテレビを観ています。同じように会社勤めのビジネスマンも、深夜1時であれば、観ることができます。つまり深夜1時は、若者やビジネスマンにとっては『ゴールデンタイム』なんです。

だから、社長が番組出演することによって、会社の宣伝効果は十分にあると思います」

このように、一見マイナスに見える材料も、プラス材料に変えられます。とにかく交渉は、固定観念に縛られないで、考え方の自由度を高くすること。

アクロバティックな**「逆転の発想」でアプローチすると、必ず「交渉の糸口」が見つかります。**

準備ノート式【口説きのメソッド】②

「相手」を知れば知るほど、成功率が上がる!

「交渉」の成功率を高めるためには、交渉相手を熟知しなければなりません。僕は交渉相手について、新聞や雑誌などのインタビュー記事を片っ端から集めて、読みあさります。とにかく徹底的に調べるのです。

このとき**重要なのは、「どういう条件であれば、OKしてくれるか?」ということを念頭に置いて、【情報】を読み解いていくこと**です。これにも、実は、ちょっとしたコツがあります。

インタビュー記事では、その人の素顔を垣間見ることができます。しかも仕事以外に、趣味やプライベート、幼少期についても語っていることがあります。とくに注目してほしいのは、その人の過去です。**過去の具体的なエピソードには、人柄や性格がにじみ出る**ものです。そのエピソードから、どんな人物なのかをイメージすることができます。そのほかにも、過去から現在にいたる経歴・プロフィール・出身地などからも様々な【情報】を得ることができます。

その人は、どんな人生をおくってきたのか？

先日、いくつもの会社を渡り歩き、次々と会社の業績を上げてきた、ある有名なプロ経営者（誰もが知っている超有名な会社の会長）の話を聞くことができました。

その方は、自分がはじめて会う人に対しては、徹底的に調べてからでないと会わない、というスタンスを取っているのです。

「親は何をしているのか？」「兄弟は何人いるのか？」など、相手の家族関係から血液型まで、ありとあらゆる【情報】を集めて、どんな人物なのかをイメージしてから、やっと、その人に会うそうです。

そういう「事前準備」を徹底的にやらないと、ちゃんとした「交渉」はできないそうです。

たくさんの【情報】を集めて、「交渉相手」の人物像を掌握したうえで、交渉にのぞむことが、「最高の結果」につながるのです。

準備ノート式【口説きのメソッド】③

「交渉」は「恋愛」に置き換える

交渉のとき、自分からの「要求」ばかりを話し続ける人がいます。このような人は、交渉というものを、まったく理解していません。交渉は、「恋愛」に置き換えると、考えやすいかもしれません。

交渉とは、こちら側からの「一方的な片想い」です。決して「両想い」ではありません。つまり、**相手にとっては「迷惑なもの」**として考えたほうが良いのです。

極端なことを言うと「交渉相手」は、こちら側の「片想い」に対して興味がなければ、応える必要がないのです。つまり、話を聞く機会さえも設定しなくて良いのです。

まず、その前提を理解してからでないと、交渉相手に迷惑をかけてしまいます。

決して「交渉ストーカー」には、ならないでください。

あなたは、大丈夫ですか？
恋愛のように交渉にのめり込むと、周りが見えなくなります。
とても危険です。

意外に陥りやすいので、十分にお気をつけください。

「妄想シミュレーション」のすすめ

自分のメリットばかり考えていては、絶対に、交渉はうまくいきません。

もし自分が「相手」の立場だったら……と「交渉相手」のメリットを考えてみてください。

具体的には、「口説きの戦略図」に「交渉相手」の情報をできるだけ多く、箇条書きで記入していきます。そのあと、自分の立場を、逆転させてください。

今度は、相手の立場になった自分が、交渉相手である「自分」に求めることを書いていきます。すると不思議なことに、「交渉相手」のメリットを、いくつも提案できるようになります。

自分自身が、逆の立場になって妄想すると、意外に考えやすいものです。

これが、いわゆる【妄想シミュレーション】です。

『¥マネーの虎』の場合は、地位も名声も、お金も持っている社長は「なにが欲しいのか?」「なにをメリットと考えるのか?」ということを、自分自身が「社長」だったら……と何度も妄想してみました。

このシミュレーションは、とても大事な「準備」です。

日頃から、「相手は、どんな質問をしてくるだろう?」と、相手の立場で考える訓練をしていると、容易に正解が導けるようになります。ぜひ試してみてください。

準備ノート式【口説きのメソッド】⑤

「前例がない！」は、ポジティブ要素

よく「前例がないので……」という理由で、断られることがあります。でも、「前例がない」ということは、決して悪いことではありません。法律的にダメなわけでも、倫理的にダメなわけでもありません。ただ単に、「今までやった例がない」というだけです。

しかし、たいていの人は「前例がないので」と相手から言われると、「そうですか、仕方ないですね」と諦めてしまいます。これは、まったく交渉していないのと同じです。

もし「前例がないので」と言われたら、「そうですか！　では今回はじめて、その前例を作りましょう！」と言えばいいのです。それでも相手が乗ってこない場合は、具体的にできない理由を聞いてみるべきです。簡単に納得してはいけません。

僕も「前例がないので……」と言われたことは、何度もあります。最近だと、２０１８年のゴールデンウィークに、バカボン家の巨大セットを丸ごと、日テレの汐留2階（総合受付前）に移築することを企画したときに言われました。

僕は「お客さんが見たいのでは？」と思い、提案したのですが、関係各所から「開局以来、そんなことは許可したことがない」と猛反対されました。たしかにセットを解体し、生田スタジオから汐留まで輸送することは大変です。しかも、高さ5メートル以上ある二階建ての家は、天井に到達しそうなくらい大きなサイズ。受付の前に建てること自体が、前代未聞です。

でも、消防法や警備問題など社内の関係各所と何度も打ち合わせし、【問題点】をひとつひとつクリアしていった結果、実現できたのです。

その結果、ゴールデンウィークイベントの総入場者数は、なんと11万6千人を超えました。過去の最高記録が4万8千人なので2倍以上、大幅に記録を更新したのです。終わってみれば、イベント担当者も営業担当者も、さらに提供スポンサーまでもが大喜び。関係各所から感謝されました。あんなに猛反対されたのは、なんだったのでしょうか？

何度も言いますが、今までにないことをやろうとすると、いろいろな障害を越えなければなりません。その障害を越える前に「前例がないので……」と言われた瞬間、諦めてしまった人は多いと思います。

イベント以外でも、今までにない新しいシステムを作ったり、新しいサービスを提供しようとすると、必ず越えなければならない壁が立ちはだかるものです。しかし、その壁を越えた先には、今まで成し遂げられなかったことがウソだと思えるような「素晴らしい結果」が待っています。

交渉事では、つねに「マイナス」を「プラス」に転換する発想を持ち、「逆転の発想法」で前向きに考えるクセをつける。

前例は、作ればいいのです。

「新しいこと」を提案する

人は、基本的に「新しいこと」が大好きです。とくに会社の社長は、何か「新しいこと」に挑戦したがる傾向があります。逆に、他人や競合他社がやったことを、同じようにマネするのを嫌がります。

テレビ業界やCM業界、タレントさんや俳優さんも同じで、今までやったことがない新企画や、今まで演じたことのない役柄をやりたがる傾向があります。理由は、「また同じだね」と言われたくないからです。

しかし、「新しいこと」に挑戦したいのには、もっと大きな理由があります。

人間のDNAが、そう叫んでいるのです。

人間は、生まれながらにして「新しい挑戦」をしたい生き物です。

そうでなければ人類は、これほどまでに進化しなかったですし、文明は滅びているはずです。歴史や進化論が、それを物語っています。過去にやったことを同じようにやるというのでは、進歩がありません。

だから、人間は「新しいこと」を提案されると、挑戦したくなるのです。

僕は『¥マネーの虎』の出演交渉で「投資にはリスクがあります。損をするかもしれません。でも、こんな番組は今までありませんでした。まったく新しい番組です」と伝えました。

すると、社長は「面白いことを考えますね。そのとんでもない話に乗らせてもらいますよ！」と言って、出演を承諾してくれました。

仕事も同じです。会社の業績を伸ばすために、社長は「新しいこと」を仕掛けたいのです。もし新しい挑戦を経験できるのであれば、同意する可能性が高まります。

「今までにない新しいことをやりたい！」「今まで誰もやったことのないことをやりたい！」

という人は、意外に多いのです。

だから、**「挑戦の精神《チャレンジスピリッツ》」をくすぐる、新しい提案ができれば、実現する可能性は広がるはず。**

ぜひとも、相手が持っている「挑戦したい気持ち」に火をつけてみてください。

準備ノート式【口説きのメソッド】⑦

「YESマン」ではなく「NOマン」に！

他人から否定されたり、間違いを指摘されると、激怒したり、機嫌が悪くなる人は、とても多いです。しかし社長にまでなると、まるで逆です。喜びはしても、決して怒りません。

なぜなら、社長の周囲には、否定したり、間違いを指摘する人が、極端に少ないからです。とにかくイエスマンが多いので、社長は「裸の王様」になりがちです。

社長は、あまり否定されることに慣れていません。そういうシチュエーションになることが極端に少ないのです。だから、たまに自分のことを否定する人が出てくると、逆に、喜ぶ人のほうが多いです。

実は、心の底では、つねに「辛口のアドバイス」をしてくれる人材を求めているのです。

とくにワンマン社長には、そういう人間が多いです。だから「交渉相手」が、たとえ社長だとしても、ひるむ必要はありません。むしろ強気で交渉したほうが、好感を持ってくれる場合が多いです。

通常、交渉では、相手の意見に合わせる人が多いですが、相手の言うがままに受け入れる人は、意外に嫌われてしまうので、気をつけたほうが良いです。

否定することは、悪いことではないのですから。

準備ノート式【口説きのメソッド】⑧

「おもしろい！」が、人の気持ちを動かす

テレビの影響力は、バカにできません。失言すると、株価にも影響してしまいます。だから当然、テレビ出演には慎重になるものです。

『¥マネーの虎』で、100万円の札束を大量に、これ見よがしに並べた映像が流れた瞬間、「品がない」「いやらしい」「教育に悪い」など、世間から色々と叩かれるのは予想できます。

そのようなリスクを冒したくない社長は、意外に多いです。そんな番組にどうやって社長を出演させたのか？　いくら大金を積んでも、社長の気持ちは動きませんし、人情に訴えかけても動きません。地位も名声も持っている人を動かすには、どうしたら良いのか？

「おもしろい！」と思わせることが重要です。

これは、番組の「企画」でも良いですし、交渉している「自分」に興味を持ってもらうことでも良いのです。僕の場合は、後者のほうが多かったかもしれません。

社長は、会社で社員を雇っています。たいていの場合、社員の教育にも力を入れています。だから、ほとんどの社長が「おもしろい企画」や「おもしろい人材」に出会うと、とても興味を持ってくれます。

出演交渉に行ったとき「なぜ、こんなとんでもない企画を考えたのか？」と、よく質問されました。番組企画よりも、この企画をプレゼンする僕のほうに興味を持ってくれて、いろいろと質問攻めされたことを覚えています。

交渉相手から「自分」に興味を持ってもらえたら、それは成功のサイン。

その時点で、交渉は、80％うまくいったと思っていいです。
あとは自信を持って、交渉を進めてください。

「チャンスは、周到な準備をした者だけにやってくる。」

小柴昌俊（物理学者）

物理学者、天文学者。1987年、カミオカンデにより世界で初めてニュートリノの観測に成功。2002年にノーベル物理学賞を受賞した。

エピソード 7

会員制・女装クラブに潜入！

「取材NG」の人物や場所というものは、必ず存在する。しかし、これからご紹介するのは、『口説きの戦略図』で突破口を見つけ、相手の心をつかむことに成功したエピソードだ。**徹底的に「準備」をすると、相手の気持ちに変化を起こすことができる**。ぜひ参考にしていただきたい印象深いエピソードである。

見たい、が世界を変えていく。

テレビの仕事をしていると、日常生活では接することのできない人物に取材するチャンスがあり、とても貴重な話を聞くことができる。

かつて、僕が担当していた番組は「普段なかなか見ることができないものを見せる」というコンセプトの番組だった。ちなみに、日テレの企業理念は「見たい、が世界を変えていく。」である。名刺の裏側に、しっかりと印刷されている。

テレビは、基本的に「なかなか見ることができない世界を、お茶の間にお届けする」というエンターテイメントであり、娯楽のひとつである。

なかでも、大家族もの・芸能人の豪邸訪問などは、「のぞき見」感覚で、つねに人気だ。

とくに大家族ものは、『石田さんチ』（日本テレビ）、『ビッグダディ』（テレビ朝日）、『激闘！大家族』（TBS）、『スーパー大家族』（フジテレビ）など、民放各局がそれぞれ独自の〝大家族〟を抱えている。

そのほかにも、セレブ・オネェ・びっくり人間・整形美人・ダイエットに成功した人・警察・科捜研・万引きGメン・スーパードクターなどは、時代に関係なく、毎回高視聴率を獲得する定番企画である。

だから、ドラマもバラエティーもドキュメントも、ありとあらゆるジャンルで、特殊な人・特殊な職業の人を取材したり、密着したりするのだ。

そんなわけで、**なぜか僕は【女装クラブ】の取材をすることになった……（苦笑）**。

視聴者が見たい「取材NG」の店

ウワサによると、その女装クラブは、会社経営者やエリートサラリーマンが足繁く通う人気のクラブらしい。

「一体、どんな所なんだろう？」

視聴者であれば、誰もが興味を持つネタだ。

だから**特集コーナーの企画として、ゴールデンタイムの番組で、ネタが通ったの**だ。

ちなみに、ネタ出ししたのは、僕ではない。僕に、「女装」の趣味はない。

「女装」というと、女性ものの衣装を通販などで買い、こっそり家で着たり、個人的に楽しむ趣味というイメージだった。

「女装クラブとは、女装趣味の人が集まるサークルのようなものだろうか？」

僕は、リサーチを開始した。

すると、本当にあったのだ！

あまり世の中の人に知られていないのには、理由があった。

プライバシーを守るため、**その女装クラブは「完全会員制」**。

クレジットカードの入会審査のように、一定の条件を満たさないと会員になれないそうだ。

そう聞くと、ますます取材したくなる。

僕は、電話で取材交渉をはじめた。

しかし……**「会員様のプライバシーを守るため」という理由で、あっけなく断られた。**

取材交渉の手段は、電話しかない。クラブの場所は、「会員」しか知らないのだ。

まさに、「完全会員制・女装クラブ」。厳重に秘密が守られている。このままでは、放送枠に穴が空いてしまう。どうしたら、いいのだろうか？

どんなにお願いしても、取材許可は下りなかった……。

あなたなら、どうやって「取材許可」をもらいますか？

「どなたか、テレビ番組の取材にご協力していただける会員の方を、ご紹介していただけませんか？」

僕は、このように交渉して断られた。当たり前だ。

そもそも会員の方は、隠れた趣味をお持ちの方。しかも、社会的にも、地位の高い方ばかり。「取材を受けていただけませんか？」と、**店側から会員に聞くこと自体がむずかしい**のだ。

しかも、店側にはメリットがない。


しかし、取材したい。

どうにかして、見てみたい！　のぞき見したい！

僕は『準備ノート』を作って、戦略を立て直すことにした。今回の『口説きの戦略図』は、とても難しい。入念な準備が必要だ。

交渉相手の情報を図式化し、攻略ポイントを【見える化】した。

どうしたら、「会員」を取材させてくれるだろうか？
どうすれば、「会員」と接触できるだろうか？

誰か1人でもいいので、「会員」を紹介してほしい。
誰か友人で、女装クラブの「会員」は、いないかな？
意外にも、身近な知り合いで「会員」は、いないものだろうか？
などと周囲を見渡しては、妄想が膨らむ。

準備ノート式【口説きのメソッド】は、当事者に会うことさえできれば、口説くことができる技術だ。ただし、会うことができなければ、八方ふさがりだ。

どんな方法であれば「会員」と接触できるのか？

さすがに今回は、無理なのか……。しかし、そんなことは言っていられない。

「どうしたら、取材できるのか？」と粘り強く、試行錯誤する毎日。

登山家が、いくつもの山岳ルートを練るように、僕は戦略ルートを探った。

登山家が『山の地形図』とにらめっこするのと同じように、『口説きの戦略図』を見続けた。

穴が空くくらい、見続けた。

そして、僕は、「あること」に気がついた。


「そうだ、会員になろう！」


「そうだ京都、行こう！」

というＣＭみたいだが、僕自身が『会員』になれば、女装クラブに潜入できるのでは？


まさか、自分が「会員」に……

誤解がないように何度も言うが、僕には「女装」の趣味はない。

たとえ趣味でなくても、僕が「女装クラブ」に個人的に入会することは、問題ないはずだ。

実際は、取材することが目的だとしても……。

なぜ、こんなことに気づかなかったのだろう？


翌日、電話で支配人に聞いてみた。

「もし僕が、会員だったら問題ないんですか？」

僕の構想を説明したところ、支配人はこう答えた。


「会員の皆様が、当クラブ内で、お互いに迷惑をかけなければ、どんな会話を楽しんでいただいても構いません。会員同士が交流を持ち、お友達になって親交を深めていただいても構いません。ですから、**栗原様が当クラブに入会し、会員になったうえで、会員の方と交流を持ち、たとえテレビの取材交渉をしても、なんの問題もありません**」

というわけで、女装クラブに入会を決めた！

女装クラブに潜入さえできれば、「会員」に接触できる。
←
「会員」と会話するチャンスがあれば、取材交渉もできる。
←
うまくいけば、インタビューを撮影できる。

こういう戦略だ。

しかし、実は、ここからが大変だった……。

女装クラブの規定では「女装した会員と女性しか、当クラブには存在してはいけない」となっている。つまり、僕は女装しなければ、「会員」の方と接触することができないのだ。

僕は**女装クラブに入会しても、女装しないつもりでいた。**

でも、ちゃんと女装しないとダメなのだ……。

しかも読者のみなさんが、どれくらいの女装をイメージしているか分からないが、この女装クラブは、僕の想像を遥かに超える……〝異世界〟だった。

「会員制・女装クラブ」に入会決定

入会当日

僕は、人が行き交う、街中の雑居ビルの前に立っていた。

「ここに、入っているのか……」

女装クラブが入っているようには、まったく見えない雑居ビルだ。スーツ姿のサラリーマンが入っていっても、なにも違和感がない。通行人には、あたかもどこかの会社に、スーツ姿の営業マンが入っていくような光景にしか見えないはずだ。

ここに来るのは、一体どんな人たちなのだろうか？

まったく想像できない……とにかく潜入開始だ。

いざ、「未知の世界」に潜入開始！

まず、ビルの一室に入ると、ずらりとロッカーが並んでいた。パッと見ただけでも、かなりの数がある。まるでゴルフ場のロッカールームのような雰囲気だ。各自持ってきた荷物や着てきた服は、すべてこのロッカーに入れなければならない。

ここで、驚いた。

女装とは、「女性の衣装」を着るだけだと認識していたが、僕の考えは甘かった……。荷物を入れ、パンツ一丁の姿になると、自分が着替えるための「女性用の下着」を持って、別室に移動するのだ。

この会員制・女装クラブでは、**「女性の衣装」を着ることはもちろん、その内側には、きちんと「女性の下着」を身につけなければならない**という。そしてこのあとさらに、僕の想像のレベルを超える出来事が、次々と押し寄せる。

「女性の下着」を購入！

別室では、「女性の下着」を購入することができる。もちろん僕は持っていないので、購入することに……。

そのあと完全個室に移動し、自分好みの「女性の下着」と「女性の衣装」に着替えるのだ。ここでは、「女性の衣装」をレンタルすることもできる。僕は、もちろん持っていないのでレンタルすることに……。ちなみに、ほとんどの会員は、自分好みの下着も衣装も購入して、ロッカーに置いているそうだ。

僕は182センチ、体重90キロで、かなり体格が良い。僕のような体型の男性が着られる「女性の衣装」なんてあるのか？　たぶん、ないだろう……。

と思いきや、ちゃんとあるのだ！

「あるよ」どころじゃない。

物凄く、たくさんあったのだ！

なんと別室の衣装部屋には、制服系からスーツ系、振袖や着物などの和服系から、社交界でしか見ないようなゴージャスなドレスまで、**ありとあらゆる女性の衣装が取り揃えられている。テレビ局の衣装部屋に負けないくらい、揃っているのだ。**

痩せている人から太った人まで、どんな体型の人にも対応できる衣装の数々は、壮観だ。

僕は、**大胆なスリットの入った「チャイナドレス」を勧められた。**「背が高いから、似合いそう」という理由で……。ちなみにここでは、すべて女性スタッフが対応し、選んでくれる。

最初は、物凄く恥ずかしい。

この不思議な空間にいる自分に、かなりの違和感を覚えていた。

しかし、女性スタッフは「僕をいかに美しく見せるか」というお手伝いを一生懸命してくれるので、10分もしないうちに、女性たちと話すのが楽しくなってくる。

気がつくと「いや、こっちのほうが……」と、リクエストまでしている自分がいた。

最終的に決めた衣装の色は、眩しいくらいのワインレッド。そこに金色や水色など、様々な色の糸で細かく、素敵な刺繍が施されていた。

「(うん、似合うかも……)」

メイクの前にクリアすべきこと

しかし、ここで、また問題が発生した。
生足《なまあし》だと、すね毛が見えて、美しくない。
美しくない人、つまり「女装」が不十分な人は、メイクに進めないのだ。
「ストッキング」を履くためにも、すね毛は厳しい。
そのため、すね毛を剃ることに……。

人生初の○○○剃り

僕は、**人生初のすね毛剃りを経験する**ことになった。
つるっつるになった脚に、するっするっと、ストッキングが入っていく。

人生で、はじめて、ストッキングを履いた。

ここで、また新たな発見が！

冷房が効いているとはいえ、

「なぜ女性は、暑い夏にストッキングを履くのだろうか？　暑いんだから、履かなければいいのに……」

と疑問に思っていた自分に、衝撃が走る！

〇〇〇〇〇って気持ちいい！

実際にストッキングを履いてみて、はじめての感覚に驚いた。

「ストッキングって、気持ちイイ！」

「生足よりも、むしろ涼しい！」

そんな真実を知ることができたのだ。

いや〜、なんでも経験してみないと分からないものだ。

その後、ヘアセットをするために、別室へ。

ここには、**実にバリエーション豊富なカツラやウィッグが揃っている。**

選ぶのに迷ってしまうほど、数が多いのだ。


ここでも、女性のヘアメイクさんが、僕が選んだ「チャイナドレス」に合うようなカツラを、いくつも試しながら着けてくれる。

僕は、頭も大きい。ニューエラの野球キャップも62・5センチだ。

こんな大きいサイズの「女性ものカツラ」なんて、あるのだろうか？


やっぱり、あった！

どんな男性にも対応できるように、ちゃんと揃えてあるのだ。

この会員制・女装クラブは、本当に凄い……。僕は、感心しっぱなしだ。

化粧のために、○○毛まで剃る……

カツラが決まると、そのあとは化粧だ。

続いて、メイク室へ移動した。

そこには、**なんと映画やドラマの撮影現場で、メイクの仕事をしていた専門のメイクさんが常駐**していた。

そこで1時間から2時間かけて、プロのヘアメイクさんとプロのメイクアップアーティストの腕により、中年サラリーマンが、女性に変身するのだ。


しかし、またまた問題が発生した。

ヒゲを剃らなければ、化粧はできない！


「会員制・女装クラブ」のメイクは、宴会芸の「女装」ではない。

化粧のノリを良くするためにヒゲを剃られた。


さらに、うぶ毛まで剃られた！


顔も、つるっつるに……。

ここまできて、ようやく化粧に入る。

いよいよメイクへ

ここでは、**自分のイメージを伝えると、プロのメイクさんが、アドバイスをしてくれる。**化粧の方向性が決まると、実にたくさんのメイク道具を駆使しながら、どんどんと顔を作り上げていく。僕はメイクさんに、すべておまかせした。

大きな鏡に映る自分の顔。最初は照れがあったが、すぐにその気持ちは薄れていく。

気分は、女優だ。

あたかも、人気女優になったかのような錯覚に陥るのは、なぜだろう？

女性は化粧品売り場でプロにメイクしてもらうと、たちまちモデルさんや女優さんのように綺麗になる。たぶん、こんな感覚なのだろう。

僕は、男だ。

しかし、そのあたりにいる女性よりも、断然美しくなっていた。

「(うん!?　誰かに似ている……)」

僕は、鏡に映ったメイク途中の自分が、誰かに似ていることに気がついた。


わかった……実家の母だ。

息子は母親に似る……そっくりだった。

でも、この姿を見て、母親はなんと言うだろうか……(苦笑)。


２時間後、メイクは完成した。

女性スタッフに案内されて、大きな姿見《すがたみ》の前に立つ僕。


僕は目が大きいし、くちびるも分厚い。付けまつ毛で、一層目が大きく見える。

しかも真っ赤なルージュは、チャイナドレスにも負けないワインレッド。

対照的な白色のハイヒールを履いた僕は、実に、１９０センチ以上あった。


チャイナドレスを身にまとった鏡に映るその姿は、どう見てもハリウッド女優だ。

アカデミー賞で、レッドカーペットを歩くハリウッド女優を真似して、優雅にポーズをとってみた。アンジェリーナ・ジョリーにも負けないくらいの美人だ。

僕は、大変身した。

ついに、「禁断の花園」へ

完璧に女装した僕は、いよいよ、会員制・女装クラブにデビューする。


広いリビングには、2人の女性がいた。

いや、女性ではなく、**女装をした男性のはずなのだが……どう見ても女性にしか見えない。**


その奥は、写真スタジオになっていた。

ここでは、プロのカメラマンが、ポートレート風に写真を撮ってくれるそうだ。

「キャッキャッ！」という女性の声が聞こえてきた。

のぞいて見ると、ちょうど撮影中だった。

ここにも2人の女性が……いや、よく見ると、可愛く「女装」した男性だ。

2人とも、秋葉原のメイドカフェから出張してきたようなメイド姿。
フリフリの衣装を着て、アイドルのように、色々なポーズをしている。
カメラマンに指示され、実に楽しそうだ。

あの2人は、友人同士だろうか？
それとも、ここで知り合ったのだろうか？

さらにその奥は、バーラウンジになっていた。
雰囲気は、ホテルや空港にあるラウンジを想像してもらえれば、間違いない。
そこには、1人だけ女性……いや、女装した男性が座っていて、読書をしている。
丸の内で働いているＯＬのような、まさに、キャリアウーマンタイプの美人だ。

決して、ブルゾンちえみのような、太めのキャリアウーマンではない。

僕は、いきなり声をかけるのはどうかと思い、まずはカウンターに座った。
カウンターでは、バーテンが好きな飲み物を作ってくれる。

そう言えば、ここに来てから数時間、何も飲んでいない。
のどが渇いているのも、当然だ。
僕は、烏龍茶を頼んだ。

バーテンはストローを出してくれたが、僕は、いつもストローなど使わない。
グラスに入っている烏龍茶を、一気にガブ飲みした。

すると、グラスのふちに口紅がべったり付いてしまった。
色っぽい真っ赤なルージュのくちびるの跡。
すかさずテーブルの近くにあった白い紙で、グラスのふちを拭いた。

このとき、また新たな発見が!

(あっ!　俺は今、女性になってる!)

女装して化粧したことにより、自然と女性っぽい仕草や振る舞いになっているではないか!

チャイナドレスのせいか、いつもより姿勢も正しい。

しかもスリットが入っているからか、気づくと、モデルのように脚も綺麗に揃えていた。

ここで女装を楽しんでいる男性たちは、同じように「女性らしさ」を身につけていたのだ。

そうか……女性にしか見えないわけだ。

なんでも、経験してみないとわからないものだ。

郷に入っては郷に従え

そのあと、**僕は2人の女性、いや女装した2人の男性に接触し、話を聞くことができた。**

1人は、ある会社の経営者。

もう1人は、一部上場企業の部長さんだった。

2人とも結婚もしているし、子どももいるそうだ。

「なぜ、ここに来るのか?」と聞いてみた。

2人とも、趣味とストレス発散だと言う。

会社帰りに、居酒屋でお酒を飲んだり、カラオケやスナックに行ったりするのと同じなのだと言う。この会員制・女装クラブで「女装」をして、お酒を飲んだり、カラオケをしたりするのだ。

別に、オカマでもオネェでもない。
「女装」が趣味なだけだ。

しゃべり方は普通だし、整形までして女性になりたいわけではない。

幼いころ、母親の化粧道具で、ふざけてメイクしたときの快感を忘れられず、たまに、この女装クラブに来て、メイクをしてもらうそうだ。

そして写真を撮ってもらったり、ラウンジで読書したりする。

この女性になっている2〜3時間を楽しんでいるそうだ。

そういう願望を叶えてくれるのが、この「会員制・女装クラブ」なのだ。

1人は、女装の趣味を、奥さんにも伝えているそうだ。

もう1人は、家族には内緒にしている……秘密の趣味だと言う。

僕は、とめどなく質問をした。
2人は、丁寧に答えてくれた。

事実は、小説よりも奇なり。
世の中には、本当に取材してみないと分からないことが、たくさんある。

2人とも、毎週この曜日に、ここへ来ると言う。
この日、僕は出演交渉をしないで、帰ることにした。

1週間後

1週間後、また僕は「会員制・女装クラブ」を訪れた。

3時間以上かけて、もう一度、ハリウッド女優に変身した。
あの2人に、テレビカメラの前で「インタビュー取材」をお願いするためだ。
はじめは、テレビの取材ということに抵抗があり、断られた。

しかし熱心に口説いた結果、取材に応じてくれることに……。

取材を承諾してくれた理由は、2つあった。

「もしかしたら、同じような悩みを持った男性が、この世の中には多いかもしれません。そういう人へのアドバイスになるかもしれないので、出演してもらえませんか？」

この言葉が2人に刺さり、テレビ出演を承諾してくれた。

もう1つの理由は、3時間以上かけて「女性」に大変身した僕だから、取材に応じることに決めたと言うのだ。**もし僕が「女装」をしないで、男性の姿のまま、興味本位で取材交渉していたら、たぶん断られていた**だろう。まさに、「郷に入っては郷に従え」だ。

徹底した「事前準備」が気持ちを動かした

「女装」をしたから、取材相手の気持ちが理解できた。

「女装」をしたから、取材相手の心も掴めた。

実際に、自分が「女装」を体験して得たものは、とても多い。

まさに、今回の「女装」という行為・経験は、「女装」愛好家へのインタビュー取材のための「事前準備」であり、最低限のマナーだったのだ。

はじめて尽くしの仕事だったが、最終的には、普通なら絶対に見ることができない、非常に中身の濃い取材ができた。番組は大成功した。

最後に、僕は「女装」に関しては、またやってみたいとは思わない。

でも、あのストッキングの感触だけは、忘れられない……。

「よく準備してから戦いに臨めば、なかば勝ったも同然だ。」

ミゲル・デ・セルバンテス（作家）

スペインの作家。『ドン・キホーテ・デ・ラ・マンチャ』の著者として著名。

エピソード 8

10万円争奪！六本木㊙ナンパ大会

毎年、春になると「歓迎会」が開かれる。僕が仮配属された番組では、新人歓迎会という名の【ドッキリ】が行われていた。**新入社員が入社早々に受ける、ある種の〝洗礼の儀式〟だ。**

これからご紹介するのは、先輩社員を驚かせた伝説のエピソードである。

新人歓迎会という名の「ドッキリ」

僕が入社したのは、もう25年以上も前のことだ。バブルの名残りもあり、テレビ業界の景気がまだ良かった頃。

日テレは、4月1日の入社式のあと、約1ヵ月かけて新人研修をする。そして、ゴールデンウィーク明けに、晴れて各部署に仮配属される。以前は、半年以上研修をしていた年もあったそうだ。「習うより慣れろ」という言葉があるが、テレビ局は**「人から教わるよりも、実際に経験し、カラダで覚えるほうがしっかりと身につく」**という方針をとっている。

僕は「報道記者」を目指していたので、報道局志望。しかし、配属先として命じられたのは、なんと社会情報局だった。この局はワイドショーをはじめ、いわゆる情報番組全般を制作している部署だ。

5月中旬、どの番組でも、仮配属された新入社員の歓迎会が開かれる。僕が仮配属された朝の情報番組でも、歓迎会という名の飲み会が開催された。オフィシャルな飲み会というよりも、飲むのが大好きなディレクターたちが集まった、カジュアルな飲み会だ。

場所は六本木、交差点近くの居酒屋。

仮配属された新人４人が、簡単な自己紹介をしたあとは、特にイベントらしい催し物もなく、なごやかな飲み会が続いていた。

新人４人の中で、誰が一番モテるのか？

22時55分

「（もうすぐ23時、そろそろ飲み会も終わる時間だな……）」

僕はそう思い、腕時計を見ていた。

すると、いきなりベテランの先輩ディレクターが立ち上がり、

「じゃあ、恒例のアレ、行ってみようかーーー！」

と号令をかけた。僕たち新人４人は、何が始まるのか理解できず、

「なに、なに!?」というリアクション。

先輩は、すぐにディレクター陣からカンパを集めはじめた。

次々と財布から、1万円や5千円を取り出すディレクターたち。

テーブルの上には、あっという間に大金が集まった。


なんと合計10万円だ！


「さぁ君たち、これから60分以内に女の子をナンパしてきなさい！　一番カワイイ子を連れてきた新人が、この賞金を総取りです！」

「えーーー!?」

「ただし、ルールがあります！　日本テレビとか番組名とかを言って、ナンパしてはいけません」

「えーーー!?」

「さらに、1時間を1秒でも超えたら、どんなにカワイイ子を連れてきたとしても失格です！　さあ、スタートまで5秒前、3・2・1、スタートーーー!!」

僕たち新人は、反論する間も与えられず、店の外に押し出された。
「行ってらっしゃーい！」と盛り上がる先輩たち。
「まいったな～」と言いながら、六本木の街に繰り出す新人たち。

・ナンパが得意そうなイケメンSくん
・ナンパの腕は知らないが、みんなを笑わせるのが得意な人気者Kくん
・たぶん人生で一度も、ナンパをしたことがない東大卒のYくん
・ほとんどナンパ経験がない僕

賞金10万円をゲットするのは誰だ？

戦いの火蓋《ひぶた》は、突然切られた。

あとから分かったことだが、**23時ちょうどにスタートするのには、理由があった。**

23時は、飲み会に参加していた女性たちが、そろそろ終電を気にして、帰り支度をはじめる。**六本木の街に、女性が一番多く出没する時間だ。**

つまり、**23時からの60分は、ナンパ大会を開催するには、絶好の時間帯《ゴールデンタイム》なのだ。**

しかし、気の利いたナンパをしない限り、女の子を連れてくることはできない。しかも、カワイイ子なら、さらに難しい。

23時05分

・女性に片っ端から声をかけるイケメンSくん
・女性を笑わせている人気者Kくん
・女性に寄っていくと、避けるように逃げられる東大卒Yくん

僕は、そんな様子を遠目に見ながら、六本木の交差点で道行く女性たちを観察していた。

「(どうしたら、終電に乗るために急ぎ足で駅へ向かっている女の子を、あの居酒屋まで連れ

て行けるだろうか？）」

「（カワイイ子はもちろんだが、どういう女の子を連れて戻れば、優勝できるだろうか？）」

僕はナンパが得意でもないのに、かなり冷静に考えていた。**『口説きの戦略図』を頭の中でイメージして、戦略を練っていたのだ。**

23時15分

あっという間に15分が経過、残り45分。

すると、東大卒Yくんがやってきて、教えてくれた。

「イケメンSくんが、もう女の子をナンパして、居酒屋に戻って行ったよ！」

開始して、まだ15分しか経ってないのに……さすがだ。

「どんな子だった？」

「可愛かったよ」

「あっ、そう……」
「僕たちも頑張らなきゃね」
「そうだな……」

僕と東大卒Yくんは、不毛な会話をして、別れた。

23時30分

30分経過。残り30分しかない。
時間が過ぎるのが早い。
とにかく、早く感じる。
しかし僕は、まだ誰にも声をかけていなかった……。
『口説きの戦略図』に当てはまるイメージの女の子が、まったく現れないからだ。

23時35分

残り時間は、25分。

ナンパ大会がスタートしてから35分が経過した頃、どうやら人気者Kくんもナンパに成功したらしい。
ただし、カワイイ子かどうかは、わからない。
六本木の路上に残っているのは、東大卒Yくんと僕、2人だけだ……。
少し、焦り始めた。

23時45分
ナンパ開始から45分が経過。
あと15分しかない。
いまだに連れて行きたいターゲットの女の子が見つからない。

だから、**まだ誰にも声をかけていない……**。

23時48分
東大卒のYくんも、ナンパできたようだ。
でも、全然かわいくない子だ。

こんなに遅い時間まで待って、なぜ、あの子に決めたのだろうか？
僕には、まったく理解できなかった。

「（さあ、どうする……）」

実は、僕は自分の中で**「こういう女の子を連れて戻るぞ」というターゲットが現れるまで、粘れるだけ、粘ろう」と思っていた。**

しかし、意外にも、そのイメージの女の子が出没しない……想定外だ。
『ポケモンGO』に例えると、野生のポケモンなら、その辺にたくさんいる。
しかし、僕が探しているのは、伝説のポケモンだ。
少なくとも、準伝説のポケモンでなければならない。
本当に、出没しないのだろうか……。

このまま、ゲームオーバーになってしまうかもしれない……。

23時50分
ついに、50分が過ぎた。
残り時間は、あと10分。

しかし、**まだ僕がイメージする「連れて戻りたい女の子」は、現れない。**

この交差点から居酒屋までは、歩いて1分。走れば30秒。
「ギリギリまで待つ」と心に決めていたが、残り10分。
いや、連れていく時間を考えると、9分を切っている。
「(どうしよう……普通の子でもいいから、ナンパして居酒屋に戻ったほうが良いのか……)」
心が揺れた。

「(いや、ここまで待ったんだ！　初志貫徹だ！　ポーカーだって、焦ってはいけない。一番良いカードが、最後にまわってくる場合がある。残り者には、福がある……はずだ)」

僕は、自分に暗示をかけながら、動揺する気持ちを抑えた。

23時55分

タイムリミットまで、残りあと5分。

僕の予想だと、もう少しで現れるはずなんだが……。

23時57分

残り3分。

六本木の交差点に立って、57分が経過しようとしている。


「もうダメか……僕の作戦ミスだ……」

と思った次の瞬間、

「いた――――――!!」

交差点の向こう側で、信号待ちしている髪の長い美女を発見！

遠目から見ても、スタイル抜群だ！


僕が探していた子は、まさに、あの子だ!!

信号は、まだ赤だ。
僕は気持ちを落ち着かせた。

この57分間、ずっと「声のかけ方」をシミュレーションしていた。
それを、もう一度、頭の中で復習《イメトレ》した。

この最初で最後のチャンスを、ものにしなければならない。
サッカー日本代表のゴールキーパーの気分だ。
目の前には、勝敗を決定づける5人目のキッカーがいる。
このPKを止めれば、決勝リーグ進出の可能性はある。

しかし、このPKを止められないと、その時点で負けてしまう。
試合終了のホイッスルが鳴ってしまう。
あの守護神・川島だって、なかなかPKを阻止することはできない。

僕は、胸のあたりに手を当てた。

交差点の向こうの女の子と僕の距離は、ちょうどＰＫと同じ距離だ。

緊張感が、一気に高まる。

僕は、高校時代サッカー部だったが、ここから周りの光景がスローモーションに見えた。


信号が、青に変わった！

審判がホイッスルを鳴らすように、タクシーのクラクションが鳴る。

交差点の向こうから、女の子が歩きはじめた！

少しずつ近寄ってくる。

日本代表の守護神、いや日テレの守護神・僕は、**ちょうど正面に来る位置で待ち構える。**

天才フォワードのように、通行人を軽快に避けながら、ゆっくりと歩いてくる女の子。


僕は、女の子に向かって、手を振った。

女の子は、僕に気づいた。

誰か違う人に手を振っていると思い、周りをキョロキョロしている。

しかし、それっぽい人は、いない。

すると、女の子は、「私？」というリアクションで、自分の顔に、指を向けた。

僕は「(そう!)」と、女の子を指さした。
女の子は、僕のほうにゆっくり向かってきて、立ち止まった。
僕は、それまで考えていたナンパ文句を、焦らずにしゃべった。
ほとんど時間がないのに、余裕のある表情でしゃべった。
しかし女の子は、聞こえない様子で、
「え?　なに!?」というリアクション。
そりゃあ、聞こえるはずがない……**口パクなんだから(笑)**。
次の瞬間、僕は、さりげなく女の子に顔を近づけ、耳元でささやいた。
「えっ!　ホントー!?」
僕が想像した以上に、良いリアクションだ。

「ウソだったら、すぐ帰っていいから。すぐそこにいるんだ」

「じゃあ、行こうかな?」

「(やったーーーーーー!　ナイスセーブ!!)」


僕は心の中で、ガッツポーズを取った。

そして彼女を、歩いてきた方向に、くるりと180度方向転換させて、信号が点滅している横断歩道を、僕はスキップでエスコートした。


「この人、おもしろーい!」

23時59分30秒

「残り、あと30秒!」

さすが、テレビ局だ。

先輩ディレクターが、終了時刻までの逆読みをしている。

その声が、店の外まで漏れ聞こえた。

僕は、店のドアを勢いよく開け、彼女たちを入れた。

先輩たちのテーブルの前に、突如現れた……美女２人！

「！」

居酒屋全体が、一瞬どよめいた。

「間に合いましたよね？」

超スタイルの良い、ボディコンを着た彼女たちの間から、僕は顔を出した。

「ああ、ギリギリ間に合ってる……」

驚きを隠せない先輩のストップウォッチは、23時59分45秒だった。

「すげぇーよ！　栗、すごいよーーー!!」

一気に盛り上がる先輩たち。

どうせナンパするなら、絶対に一番になりたい！

僕は同期に勝つために、実は〝2人組〟を狙っていたのだ。

カワイイかどうかは、主観的なもの。先輩たちの好みにも左右される。しかし、2人組であれば、「どっちかはカワイイ」という確率が上がる。

優勝の確率は、2倍になるのだ。

しかも2人組に声をかけたのには、もうひとつ理由がある。**もし2人組であれば、まったく知らない男にナンパされても、ついてくる可能性が高い。**たとえ相手が、そんなにカッコ良くない僕でも、面白そうであればシャレでついてくる。女の子たちにとっても、【安心材料】になるのだ。

逆を言えば、**もし1人だと、よっぽど興味がない限りナンパについて来るわけがない。**終電に乗り遅れないように家路に急いでいるカワイイ女の子は、なおさら。かなり確率が低い。

だから僕は、六本木で遊び慣れている風の、女の子2人組を探していたのだ。クラブ帰りのワンレン・ボディコン姿の女の子は、まさに格好のターゲット！　しかも、終電をあまり気にしない港区近辺に住んでいそうな女の子を狙っていたのである。

盛り上がる先輩たち。

「ねえ、君たちは、なんて言われてついてきたのかな？」

すると、彼女たちは、こう答えた。

「凄くカッコイイ先輩たちがいるから、飲みに来てほしいって！」

この言葉に、先輩たちは、さらに盛り上がった！

「君たちは、モデルさんかな？」

鼻の下を伸ばしながら、先輩の１人が興味津々に聞いた。

「レースクイーンでーす!!」

彼女たちが声を揃えて放った言葉に、さすがの僕も驚いた！

彼女たちは当時、「モデル」よりも希少な存在。

世の男性たちが合コンしたい女性NO．１、泣く子も黙る「レースクイーン」だった！

超スタイルの良い2人組のナンパに成功したのは、ラッキーだった。

しかし、まさか「レースクイーン」とは！

よく見ると、スタイルも抜群だが、顔もカワイイ。


制限時間ギリギリだったが、最終的には僕が、一番カワイイ子をナンパして来たのだった。

しかも、2人も！

ポーカーでいう「ストレート」どころのカードではない。

「ロイヤル・ストレート・フラッシュ」を引き当てたのだ！

あとから聞いた話だが、先輩たちは、

「栗原はナンパできないで、戻ってくる」と予想していたそうだ。

だから**次の日から、僕に対する先輩の対応が変わったのも、事実だ（笑）**。

この年の新人ナンパ大会は、いまだに「伝説」として語り継がれている。

ナンパができる奴は、仕事もできる！

実は、このナンパ大会には、深い意味があった。

テレビ業界で働くうえでの【大事な要素】が、たくさん詰まっていたのだ。

【ナンパができる＝口説きができる＝きちんと交渉ができる】

という方程式が隠されていたのである。


先輩は言った。

「ナンパは、テレビの撮影許可をもらってくることと、まったく同じだ」


つまり、一見「遊び」のようなナンパが、ちょっとした「実戦演習」を兼ねていたのだ。

イケメンが有利と言えば、そうかもしれない。しかし先輩は、「誰がモテるか？」を見たかったわけではない。「誰が向いているのか？」という適性を見たかったのだ。

「誰がうまく交渉相手を口説いて、ここまで連れて来れるのか？」を見極める【適性テスト】だったのだ。

そこには**「最後の最後まで、放送ギリギリの時間まで諦めてはいけない」**というテレビマンにとって、大事な**【粘りの要素】**も含まれていた。

さらに「ただし、放送時間を1秒でも過ぎてしまうと、テレビには黒味《くろみ》が流れて放送事故になってしまう」という重要な**【〆切の要素】**まで入っていたのだ。

そんなテレビ業界の鉄則をカラダで覚えさせるのが目的だった、恒例の六本木・新人ナンパ大会は、幕を閉じた。

その本当の狙いを聞いて、ちょっとだけ自信が湧いた。僕は報道記者志望で入社したのに、情報番組に仮配属されてＡＤになった。つまり、将来のディレクター候補だ。「ディレクターなんて向いているのか？　ホントにやっていけるのか？」と疑っていた。

しかし、このナンパ大会の結果から言うと、かなり適性があるらしい。

25年経った今、自分では「天職」だと思っている。
どうやら、あのときの「適性検査」は間違ってなかったようだ（笑）。

最後に、ちょっとしたオチがある。

飛びっきりカワイイ女の子を、しかもレースクイーンを2人もナンパしてきたのに、僕は、あの賞金をもらえなかった……。

実は、あの10万円は、こんな新人たちにナンパされて、ついて来てくれた女の子たち全員に感謝の意味を込めて、「タクシー代」として手渡されたのだ。

なんてオシャレな遊びなんだ。

「これが、テレビ業界か……」
と、自分が飛び込んだ世界をしみじみと感じる夜だった。

「幸福は、準備ができていなければ、ほとんど見過ごしてしまう。」

デール・カーネギー（実業家）

アメリカの実業家、作家、ビジネスセミナーの開発者。『人を動かす』『道は開ける』などの自己啓発書は世界的なベストセラーとなっている。

エピソード
9

覚せい剤を使用する女子高生を探せ！

必ずしも「準備」に時間をかけることができない場合もある。そんなときは、**トライ&エラーを繰り返し、リアルタイムで「準備」をアップデートすることが重要だ**。今から約25年前、まだ駆け出しのADだった頃、朝の生情報番組『ズームイン朝』を担当していたときの印象的なエピソードである。

全番組で視聴率トップのオバケ番組『ズームイン朝』

当時の『ズームイン朝』は、全国の天気中継リレーからはじまり、旬の話題やスポーツニュース、朝のポエム、ウィッキーさんの英会話、政治経済などの時事問題からニュース性の強い社会問題まで、1時間半のなかに、硬軟ネタがぎっしり詰まっていた。

しかも、フリーになって勢いのある福留功男さんというキャスターの人気もあって、**朝番組にもかかわらず、平均視聴率18%を叩き出すモンスター番組。**曜日によっては、ゴールデンタイム・プライムタイムも含め、朝6時から夜12時まで放送している全番組のなかで、視聴率が一番高いこともあった。

毎日、高視聴率を獲得していたので、文字通り、日テレの看板番組だった。

毎朝8時30分に生放送が終わると、すぐに出演者とスタッフ一同があつまり、反省会が行われる。ちょうど9時頃になると、新人ADは会議を抜け出し、マーケティング部へ走って行くのが日課だ。

なぜなら、前日の視聴率結果が送られてくる時間だからだ。マーケティング部に届いたばかりのＦＡＸをコピーして、大急ぎで反省会へ戻る。全テレビ局の視聴率が載った【視聴率一覧表】を福留さんに手渡すのだ。

すると福留さんは、スタッフ全員の前で、ＮＨＫからはじまり、ＴＢＳ・フジテレビ・テレビ朝日・テレビ東京の視聴率の結果を、順番に読み上げる。そして最後に、日本テレビの視聴率を発表するのだ。

「昨日のズーム……視聴率18％、占拠率30％、横並びトップ！」

歓声が沸き上がる。僕は新人ＡＤながら、毎日この光景を見ては、テレビ局の熾烈な視聴率競争を実感していた。

視聴率が高い番組は、スタッフのモチベーションも高い。理由は、【視聴率一覧表】以外に【毎分視聴率】という折れ線グラフまで出てくるからだ。

たとえば、Ａディレクターの生中継コーナーで視聴率が上がった、ＢディレクターのＶＴＲコーナーの途中で視聴率が下がり、他局に視聴者が流れたなど、すべてが明らかになる。

担当ディレクターは【毎分視聴率グラフ】を見ると、テストの点数を学校の掲示板に貼られたような気分になる。もし視聴率が悪いと、いたたまれない。と同時に、「次回こそは！」と力が入る。

翌週のラインナップを決める「ネタ会議」も重要だ。ネタ次第で、毎日視聴率が左右されるからだ。このネタ会議は、毎週定例で行われる。ディレクターは日々の業務をこなしながら、その合間に、翌週のネタを探して、会議でプレゼンする。通称「ネタ出し」だ。

誰が良いネタを出すか、誰がスクープネタを入手してくるかも競っていた。会議では、「このネタは、視聴率が獲れるのか？」とか「このネタは、他局で扱ってないか？」など、いろいろな議論が交わされる。

そしてネタが決まると、**取材→ロケ→ＶＴＲ編集→生中継というサイクルで仕事をする。**

当時、番組では「チーム制」を取っていた。ディレクター1名＆ＡＤ1名が、2人1組となってチームで動く。担当コーナーの出来・不出来は、このチームワーク次第だ。ＡＤの出来が悪いと、ディレクターがフォローしなければならないので、ロスが生じる。**お互いが、自分にまかされたパートでベストの仕事ができたときに、良い番組が生まれるのだ。そういう意味では、ディレクターとADは、まさに運命共同体だ。**ちなみに家に帰る以外の時間は、ほとんど終日一緒に行動する。だから、家族や恋人よりも一緒にいる時間が長い。

先輩ディレクターから「とんでもない仕事」が！

ある日のネタ会議が終了すると、先輩Kディレクターが僕のところにやって来た。

そして「次のネタは、これだから」と一枚のメモを渡された。

そこには、衝撃の内容が記されていた……


「今、女子高生のあいだで、覚せい剤が流行っている！」


「なんですか！　これ!?」

「ネタが通った。来週、放送するから」

「え!?」

「俺の情報によると、進学校の生徒のあいだで、流行っているらしい」

「は!?」

「覚せい剤をやっている女子高生のインタビューを撮りたい」

「……」

「お前は、今日から会社に来なくていいから、女子高生を探してこい。1週間以内に!」

「……」

「俺とお前は、別行動。じゃあ、すぐ行ってこい!」

「えーーーー!?」


僕が質問する隙も与えず、Kディレクターは、スタッフルームを出ていった。

「Kさん、マジっすかね?」

僕とKディレクターのやりとりを見ていた先輩ディレクター陣に聞くと、

「マジだろ……」

と言い、自分たちの仕事に戻っていった。

ほかのAD陣は、

「とんでもないネタ、振られちゃったね……。俺じゃなくて、よかったぁ……」

という安堵の表情を浮かべている。

どうしよう……でも、行くしかない。
女子高生を探すしかない！

Kディレクターは、今までどんなに取材が難しいネタでも、どんなに危険なネタでも、粘り強くロケして、数多くのスクープを撮ってきた凄腕ディレクターだ。

ちなみに代表作は、『交通警察24時』や『麻薬Gメンに密着』など。かなりハードなネタが得意分野で、今まで数多くの問題作を世に送り出している。しかも、武闘派だ……。

実は、Kさんがディレクターだと教えてもらうまでは、「ヤクザ」だと思い込んでいた。

「どうしてテレビ局に、暴力団の組員がいるんだ!?」と困惑していた。それくらい、見た目が怖い。いや、ヤクザというよりも「マル暴の刑事」といった感じだろうか……。

しかも、色黒で巨漢だ。
小錦よりは小さいが、たぶん150キロはあると思う。
そんな風貌のイメージ通り……仕事には厳しい。
もちろんADにも厳しい。
だから、絶対に手を抜けないのだ。

僕はこのとき、はじめてKディレクターとチームを組むことに……その最初の仕事がコレだ。だから何度も言うが、「探しに行くしかない」のだ。
とはいえ今回は、なんと【女子高生ネタ】……しかも【覚せい剤ネタ】だ。

「どこに行けば、そんな女子高生に出逢えるのだろうか？」

高校の前で張り込みするわけにもいかないし、そもそもどこの高校にいるのかも、さっぱりわからない。でも、途方に暮れていても始まらない。時間は、たった1週間しかないのだ。

とりあえず僕は、渋谷のセンター街で、聞き込みをすることに……。

渋谷のセンター街で聞き込み

1日目

今もそうだが、若者のブームは、つねに、渋谷から生まれている。

情報に敏感でオシャレな高校生は、夕方になると、渋谷のセンター街に現れ、終電間際まで遊んでいる。なかには、クラブなどで朝まで活動している高校生もいる。

早速、女子高生に聞き込みを開始した。渋谷のスクランブル交差点をハチ公方面から歩いてくる女子高生に、片っ端から声をかけることに……。

しかし、なかなか話を聞いてくれない。というか、立ち止まってもくれない。

「なにアンタ!?　ウザい!」と言われて、通り過ぎるだけ。ナンパだと思われて、誰も止まってくれないのだ。

数時間後……。

「ちょっと、すみません」と声をかけたら、**援助交際だと勘違いされた。**

さらに、数時間後……。

遊び人風の女子高生から「あんた、ポリ?」と言われる始末。どうやら**私服警官に間違われたようだ……**。

2日目

服装を変えてみた。昨日の反省から、**声のかけ方も変えてみた。**声のトーンも大事なようだ。軽い爽やかなイメージで、声をかけてみた。

すると、たまに女子高生が立ち止まってくれるようになった。これは、大きな進歩だ。昨日は、「なんとか探さねばならない!」と必死になっていた。たぶん、その必死さが表情に出てしまっていたのだろう。外見の印象も重要だ。渋谷のセンター街で20代半ばの男が、ナンパもどきの声がけをしている。怪しいと思うのは、当然だ。

しかし、この日は、渋谷の街に溶け込むようなカジュアルな服装。まったく違和感はない。ちなみに初日は、かっちりしたジャケットを着ていた……私服警官に間違われる訳だ(苦笑)。余裕はないけど、余裕がある雰囲気を出すように心がけた。

僕はナンパをした経験がほとんどない。しかし何人も声をかけるうちに、**だんだん【コツ】がわかってきた。【声をかけられる人の気持ちになれば良い】のだ。**

そして**【どんな声のかけ方をすれば、立ち止まってくれるか】が掴めてきた。**

なぜ、こんな簡単なことに気づかなかったのだろう。それからは、何人もの女子高生と話をすることができた。しかし、肝心な「覚せい剤」にまつわる手掛かりは、一切なし。

本当に、覚せい剤をやっている女子高生なんて、いるのだろうか……!?

3日目

3日目になると、**声をかけることには、まったく抵抗がなくなった。**人間って、不思議なものだ。慣れって凄い。キャッチやスカウトマンも、たぶんこんな感じなのだろう。

「あの〜、すみません」と、たどたどしく声をかけていた初日の僕は、そこにはいなかった。

今までは、歩いてきた女子高生の正面に立ちはだかり、戦略もなく、話しかけていた。しかし、それではうまくいかないことも学習した。僕は身長１８２センチ、体格もデカい。だから女子高生は、必ず警戒する。相手の気持ちになって考えれば、当たり前のことだ。

3日目の僕は、手当たり次第に声をかけることはしなかった。

センター街の入口の脇のほうに立って、スクランブル交差点を歩いてきた女子高生を、瞬時に仕分けする。声をかける女子高生を見定めるのだ。

あの女子高生に聞こうとターゲットを決めた瞬間、彼女の斜め後ろから歩いて行って、声をかける。

「ねぇねぇ、そこの彼女〜」

と言って、**女子高生が歩く速さと同じ速さで、一緒に横を歩く。少しかがみながら、女子高生と同じ目線の高さになるようにして話しかけるのが、ポイントだ。**

同じ方向に向かって歩けば、女子高生が歩く速さを上げない限り、逃げられない。

不思議なことに、**横に並んで歩きながら話しかけると、あまり嫌な顔をしない。**

ヒマそうな女子高生は、「一緒にお茶でもする?」というリアクションまで返してくれる。

このテクニックを身に付けたおかげで、1人で歩いている女子高生の3人に1人は立ち止まってくれた。とくに確率が高かったのは、2〜3人で歩いている女子高生だ。彼女たちのほとんどが、立ち止まって話を聞いてくれた。「へ〜、そんな人を探してるんだ〜」という女子もいれば、「大変だね〜、がんばって〜」という女子高生までいる。
初日から合計３００人くらい声をかけた頃だろうか、ついに有力な【手がかり】が見つかった。

「私はやってないけど、聞いたことあるよ」

そう証言する女子高生が現れたのだ！

「Sでしょ？」と言われた。
「エス？」
「そう、スピードでしょ？」

僕は【覚せい剤】という言葉を使っていたが、**女子高生のあいだでは「SPEED《スピード》」とか、その頭文字をとって「S《エス》」と呼ばれていたのだ。**
もしかしたら、【覚せい剤】という認識はないのかもしれない。

取材を続けていくと、「私たちはやったことないけど、頭のいい学校で流行ってるらしいよ」「クラブで手に入るらしい……」など、いろいろな情報が出てきた。

僕は取材対象に、確実に近づいているような気がした。**やはり進学校というのは、間違いないようだ。Kディレクターの情報は、間違っていなかったのだ。**

しかし、この日は、これ以上の【有力な情報】は入手できなかった……。

4日目

僕は、進学校の生徒を見極めるために、『ある準備』をした。この3日間、トライ&エラーを繰り返し、かなり有力な情報を入手できた。あと残り少ない時間で、なんとかして女子高生を見つけなければならない。そのために、ある『一冊の本』を入手したのだ。

その本のタイトルは……『東京女子校制服図鑑』。

僕は北海道出身。東京の女子高生の制服を見ても、進学校なのか、そうでない高校なのかがまったく分からない。

そんな僕のために、こんな素敵な本が売っていたのだ。

こんな本を小脇に抱えて、センター街に立ちんぼしている新人ＡＤ。「田舎の親が見たら、なんて思うだろうか……」などと、気にしてなんかいられない。

時間のない中で、確率を上げるために、ターゲットを女子校に絞った。

共学ならば、男子高校生だって覚せい剤をやっていてもおかしくない。しかし、「女子高生のあいだで流行っている」という情報が本当なら、女子校に違いないのだ。

その後は、進学校の制服姿を発見するたびに、「ねぇねぇ」と小気味良いテンポで近づき、ナンパ以上にスマートに話しかけて、こう囁《ささや》いた。

「ねぇ、Ｓ《エス》持ってない？」

そのとき、「エス!?」というリアクションをした子は、【ＳＰＥＥＤ】のことを知らないはずだ。「あっ、ごめんごめん！　また今度〜」と言って、すぐに別れる。そして、違う進学校の女子高生を見つけたら、すかさず「ねぇねぇ」と声をかける。

この方法なら、話しかけてから本題に入るまでの時間が、かなり短縮できる。より多くの女子高生に声をかけられるのだ。リミットは、今日を入れてあと3日しかない。でも、このまま続けていけば、【S】をやってる女子高生にたどり着けるかもしれない。

しかし、この日も【S】をやっている女子高生は、見つからなかった……。

5日目

5日目になると、**僕はセンター街では、ちょっとした有名人になっていた。**

何人か声をかけていると、「あっ、この前の人！」という反応。

そう、前日までに声をかけたことのある女子高生が、何人もいるのだ。

「まだ見つからないの？　頑張ってるね～」という女子高生。

「何かわかったら、連絡ちょーだい」

僕はそう言って、携帯番号を書いた紙を渡した。

渋谷は、狭い街なのか？　それとも、僕が声をかけた人数が凄いのか？　毎日とんでもない人の数であふれかえる渋谷なのに、今までに声をかけたことのある女子高生に、これだけ多く再会するとは驚きだ。彼女たちは学校帰りに、渋谷に立ち寄るのが日課のようだ。

そうこうしているうちに、Kディレクターから連絡が入った！

「おい、見つかったか？」

「いえ、まだです……」

「こっちはもう、ほとんどロケが終わったからな。あとは、女子高生のインタビューだけだ」

「えっ！　そうなんですか!?」

「女子高生のインタビューが撮れなければ、放送中止、お蔵入りだ。撮影は、明後日だからな」

そう伝えられて、電話は切れた。

Kディレクターは、僕が渋谷で女子高生探しをしている間に、着々とロケを進めていたのだ。

覚せい剤の危険性を医療専門家に取材したり、覚せい剤で捕まったことのある常習者にインタビュー、覚せい剤をやめるためにリハビリ施設に入っている患者、薬物依存症患者が描いたおどろおどろしい絵画など、さまざまな取材ロケを完了していた。

僕が女子高生を探し出せなければ、VTRは完成しない。**女子高生のインタビューが撮れなければ、すべてが水の泡になってしまうのだ。**しかし、残り2日しかない。

僕は、女子高生が振り向きやすい心地良いトーンで声をかけながら、心の中ではかなり焦っていた。しかし、今日も見つからなかった……。

6日目

あと1日しかない。なんとか今日中に、女子高生を探し出さなければ、明日ロケができない。そうなれば当然、明後日の放送には間に合わない。**この企画はお蔵入りになるし、放送枠にも穴が空く。**

もう何人に声をかけただろう……。

1000人以上は声をかけただろうか……。

しかし、いくら声をかけても、それらしい女子高生は見つからない。

時間だけが、刻一刻と過ぎていく。

もうすぐ終電の時間だ。もう無理なのか……。

するると次の瞬間、「オーーース！」と背後から、声をかけられたのだ。

振り返ると、たしか3日目に声をかけた女子高生だった。


「あんたの話をしてたらさ〜、私の友達が【S】やってる子、知ってるって言うからさ〜」


「え？　ホント!?」

「会う？」

「もちろん！」


なんと彼女は、僕が声をかけたあとも、遊び友達に聞いたりしてくれていたという。

なんて素晴らしいコなんだ！


僕は、女子高生に案内されるがまま、ついて行った。

すると、なんとも怪しい薄暗いビルに連れて行かれた。

中に入ると、外観以上に老朽化している。

恐る恐る階段を下りていくと、壁に反響して少しずつ音楽が漏れ聞こえてくる。どうやら、ここはクラブらしい……。

クラブに入ると、奥のほうに案内された。

すると、なんだかヤバそうな集団が……しかも、男が10人以上いる……チーマーだ。

女子高生が、

「連れて来たよ～」

と男達に伝えた。

「なんだ、コイツか……」

と言う男。

「（え、なに!?　女の子なんていないじゃん……コレ、どういうこと!?）」


そのなかの1人が、ガンを飛ばしながら、僕のほうに向かってくる。

「（ヤバイ！　逃げるなら今しかない……）」

薄暗い照明だからか、僕がビビっているのは気づかれてないようだ……。

しかし、男が顔を近づけてきた。

「（どうしよう、逃げ遅れた……）」

次の瞬間、その男は言った。

「あんた、ホントにテレビ局の人？」

そりゃそうだ。

僕は女子高生に話しかけやすいように、絶対にテレビ局の人間には見えない服装をしていた。

話しかけて打ち解けたあとに、「実は、テレビの取材でさ～」と正体を明かしていたのだ。

だから今の僕は、誰がどう見ても、渋谷によくいるスカウトマンか、ただのナンパ野郎だ。

「ああ、そうだけど……」

僕はそう言って、すかさず名刺を渡した。名刺をまじまじと凝視する男。

背後にいる男たちも、のぞき込んで見ている。すると次の瞬間……

「ズームイン朝じゃん！　見てるよー！」

と、集団が盛り上がり始めた。

「（ウソだろ、ホントかよ!?）」

「トメさんでしょ！　ウィッキーさんでしょ！　見てるよー!!」

チーマー達は、ホントに見ているらしい……。

さすが、『ズームイン朝』！　毎日、視聴率18％を取っているモンスター番組だ。

「(本当に、たくさんの方々に支持されているんだな〜)」

と、僕はちょっと感動した。

よく話を聞いてみると、毎朝、彼らは始発電車で帰る。

帰宅すると、ちょうど『ズームイン朝』がはじまる時間らしい。

「(朝帰りかよ……)」と思いながら、

「あっ、そうなんだ。嬉しいなぁ……(苦笑)」と応えた。

そのあと一気になごやかなムードになり、打ち解けた。無事に、例の女子高生を探している本題に入ることができたのだ。

なんでも【S】をやったことのある女子高生は、このクラブに出入りしているらしい。

その女子高生は、このチーマーたちの友達のようだ。
しかし今、ここにはいない。
すると……
「連絡とってやるよ。でも、テレビに出るかは分かんねーよ」
というチーマーの男。
なんて、親切な青年なんだ。
僕は「(やっぱり人は、見かけで判断しちゃいけないな)」と反省した。

そして、電話がつながった！
電話を代わってもらい、出演交渉を開始した。

「なんとか明日、インタビューを撮りたいんです。少しでもいいから、時間を作ってもらえないですか？」

必死に頼み込んだ。このコを説得できなければ、1週間の努力が台無しになってしまう。
全力で、電話口の向こうの女子高生を口説いた。

僕は、この6日間、渋谷のセンター街に立ち続け、道行く女子高生に声をかけ続けていたことを詳細に話した。

1時間以上、説得しただろうか……。

女子高生は、インタビューを快諾してくれた。

なんとか明日の夜8時に、渋谷に来てもらえるように約束することができた。

連絡先を伝え、明日、渋谷で連絡を待つことに……。

しかし、明日、本当に来てくれるのだろうか!?

不安だ……。

7日目（最終日）

夕方、渋谷駅近くの貸し会議室を借りて、いつ女子高生が来てもインタビューが撮れるように準備をして、僕は待った。

スタンバイは完了。

もちろん僕の横には、Kディレクターもいる。


「本当に、来るのか？」

「はい、たぶん……」

「たぶんじゃダメなんだよ。どんな感じの女子高生なんだ？」

「はい。電話の声からすると、良い子です」

「良い子が、覚せい剤やるか!?　お前はアホか！」


僕は、心の中で祈った。

「（どうか良い子であってほしい……約束を破らない、良い子であってほしい……）」


夜8時になった。

約束の時間だ！

8時05分

連絡先を伝えたのに、携帯電話が鳴らない。

8時10分

会社から借りている携帯電話を、何度も確認した。
電池は切れてないし、電波もつながっている。
しかし、電話がこない……。

8時20分

携帯電話が、まだ鳴らない。
女子高生に、何かあったのだろうか!?
Kディレクターは、いら立っている。

8時30分

いまだに連絡が来ない。
ドタキャンされてしまったのだろうか……。
昨日の約束は、ウソだったのだろうか……!?

Kディレクターは、つぶやいた。

「たぶん、来ないな……」

すると、**次の瞬間、携帯電話が鳴った！**

「はい、栗原です。あっ、わかりました！　今、迎えにいきます!!」

【S】をやってる女子高生から連絡が入った!!

僕は、センター街まで走って迎えにいった。

電話で話した女子高生は、女友達と2人で現れた。

「遅れて、ごめんなさい」と謝る女子高生。

「いえいえ、今日は来てくれて、本当にありがとう！」

僕は深々と頭を下げて、挨拶した。

彼女は、よく渋谷で遊んでいるような雰囲気の女子高生には見えない。

見た目は、いたって普通の女子高生だ。僕は名刺を渡し、彼女を撮影場所に案内した。

8時40分

貸し会議室で、今回の趣旨をKディレクターが丁寧に説明する。
女子高生は、顔を映さないという条件で、インタビューを了承してくれた。

彼女は、以前**【SPEED】という覚せい剤を使用していた**そうだ。
クラブで出会った知らない男からもらい、最初は好奇心から使用したという。

その後、中間テストや期末テストの直前になると使用するようになる。すると物凄い集中力が出て、勉強に身が入るし、眠くならない。テストでも良い点数が取れたそうだ。

しかし、テストが終わると、かなりの倦怠感が残った。彼女は少し怖くなったが、試験前に飲むだけだし、「やめようと思えば、いつでもやめられる」と思っていたそうだ。

だが、そんなある日、**彼女の友達に、異変が起きた！**
実は、友達もテスト直前に、彼女と同じように服用していたそうだ。
しかし友達は、そのあとテスト期間中以外も使用するようになった。

ある晩、彼女は、友達の家に遊びに行った。

友達は、**ずっと掃除機をかけ続け、いくら言ってもやめない。**

「細かいゴミが気になって、しょうがない」と言うのだ。

「やめなよ～、もう綺麗だよ」と言って、彼女を無理矢理やめさせたそうだ。


すると今度は、手をいじり始めた。

「かさぶたが気になって、しょうがない」

と言い、手にあった小さなかさぶた部分を、爪でいじり始めたそうだ。


その後、彼女はトイレに行った。

部屋に戻ってくると、**友達が血だらけになっている！**

友達は、かさぶたをむしり、手が血まみれになりながら、それでも傷口をずっと爪でいじっていたそうだ。

必死に止めたが、友達は正気を失っている。

そのあとすぐに友達は、救急車で運ばれたそうだ。

彼女は、この恐ろしい光景を目の当たりにして、「覚せい剤は怖い！」と実感したそうだ。
そして、「その日以来、使わなくなった」と言う。

まさに、本当に使っていた人にしか話せない、生々しいインタビューが撮影できた。

8日目（放送当日）

この日の朝、昨晩ロケしたばかりの貴重なインタビュー映像が、全国に生放送された。
生中継が終わった途端、僕は現場にへたり込んだ。
Kディレクターが、中継車から下りてきた。
僕の横にやってきて、
「お疲れさん……やれば、できるじゃん」
そう言って、肩をポンっと叩いて、去っていった。

「……確かにそうだ。やれば、できる……いや、できた！」

1週間前、「見つけるなんて、絶対に不可能だ！」と思っていた女子高生が、奇跡的に見つかった。最終的には、僕には想像もできなかった【超貴重なインタビュー】を撮影できたのだ。

今回のような特殊な人の見つけ方なんて、誰も教えてくれない。
学校でも教えてくれないし、親も教えてくれない……当たり前だ。
しかし僕は、成し遂げることができた。

僕は、この【渋谷での女子高生探し】をやって以来、怖いものがない。
入社早々とんでもない仕事を振られたので、この25年間、あのときより大変な仕事なんて、正直ひとつもない。

このときに経験した試行錯誤・トライ&エラーのすべては、その後の仕事に非常に役立っている。時間のない中で「最高の結果」を導くためには、いかに臨機応変に「準備」ができるのかが重要だと、実感できた。

Kディレクターには、お礼を言いたい。

「人間は、あきらめなければ、なんでもできる！」

そう思えることができ、大きな自信を得ることになった貴重な1週間だった。

これ以来、僕の部下が「そんなの無理ですよ。そんな人いるわけないですよ」と弱音を吐くと、こう答えるようにしている。

「日本中探せば、必ず、1人はいるよ」

「うまくいく喜びを知っているから、また明日に向けて良い準備をする。」

本田圭佑（プロサッカー選手）

サッカー選手として活躍を続けながらも、カンボジア代表の実質的な監督に就任。投資家としてベンチャーファンドの設立など、幅広く活動している。

すぐに使える！『すごい準備』【名刺㊙整理法】

「準備」には時間がかかるし、時間がもったいない、と思い込んでいる人が案外多いようです。

しかし、僕は、まったく逆の考えです。ちょっとした「準備」をするだけで、あとあと時間をムダにしないで済むので、最終的には「得をする」ものだと思っています。

たとえば会社で、相手からもらった「名刺」が見つからず、何分もかかって探している人をよく見かけます。たしかに**「名刺」の整理・収納方法は、社会人になったときに誰かが教えてくれるわけではないので、人によってまったく違います。**

あなたは、どんな方法で整理・収納していますか？

「五十音順」に名刺フォルダに収納する人もいれば、「会社・業界別」に名刺を仕分けして、収納する人もいます。

僕は、**「日づけ」順で整理・収納しています。**意外と誰もやっていない方法だと思います。簡単なので、ぜひ実践してみてください。

まず名刺をもらったら、空いているところに、「日づけ」と「相手の特徴」を書き込みます。具体的には**「20190403」「ネクタイが動物柄」「まゆ毛が太い」など、相手のちょっとした特徴をメモします。簡単な「似顔絵」も描いておく**と、たとえ月日が経っても顔と名前が一致するので、非常に効果的です。

さらに相手側が**「数人」同席した場合には、「役職」の偉い順番に、番号をつけてください。**もし4人いたら、誰が上司で、誰が部下なのかがわかるように「通し番号」をつけるのです。ビジネスシーンでは、役職らしきものが書かれていなくて、部署も全員が同じという「名刺」が意外に多いです。そんなときは、打ち合わせのやりとりを見て、雰囲気で番号をつけてOKです。この通し番号は、交渉の場面で誰がキーマンか迷ったときに、威力を発揮します。

僕は、今までいろいろな分類の仕方を試してきましたが、これが一番便利だと思います。

最近は、スマホのカメラで名刺を撮影すると自動的にデータを保存できる「名刺管理アプリ」がありますが、相手の会社名も名前も思い出せない場合は、検索のしようがありません。

しかし「日づけ」順で名刺を整理しておけば、打ち合わせをした「日づけ」を手帳から探せば、すぐに探している名刺にたどり着けます。とくに**スマホのカレンダーを使っている人は、「○○打ち合わせ」と検索すれば、一発でヒットします。**

また「名刺管理アプリ」を使っている場合でも、名刺にメモしてからスキャンしておけば、保存された名刺画像には「相手の特徴」が残っているので、すぐに、どの人か判別できます。**もし同じ取引先の会社の方が、ズラーっと並んでいても問題ありません。**すぐに誰だったかを思い出すことができるのです。コレって、すごい便利です。

仕事では、数カ月から一年くらい前の相手と、頻繁に連絡を取ることが多いものです。極端なことを言うと、10年前の人と突然連絡を取ることは、少ないです。

ということは、「名刺フォルダ」でも「名刺管理アプリ」でも、五十音順や会社ごとに仕分けされていても、効率が良くありません。名字が同じというだけで、10年前の人と昨日会った人が、同じフォルダに入っているのは、使う人にとっては不便なのです。

また僕のように「日づけ」順に整理しておけば、この人とはしばらく連絡を取ってないとか、この人と知り合ってから何年経った、という情報までもがわかります。

ちなみに、この**名刺にメモをする作業は、１枚10〜20秒程度**です。よく「名刺がない！」と騒いで探している人は、10分や20分探していることがあります。この時間って、もったいないですよね。僕は打ち合わせの合間でメモしているので、メモのための時間はかかっていません。

あなたも自分で実践すると、このちょっとした「準備」が、いかに「すごい準備」なのかが実感できるはずです。ぜひ、試してみてはいかがですか？

おわりに

いつも僕は、何本もの企画を並行して「準備」しています。
すぐに放送される番組もあれば、1年後、2年後に放送されるもの、まだ企画段階で、僕の中でも、正解が見つかっていないものなどを含めると、たくさんあります。

本書でも書きましたが、**『天才バカボン』の実写化は、放送までに1年半以上**かかりました。それが頓挫せずに、実現に向けて押し進めてくれたのは、ひとえに**「準備ノート」のおかげ**だと考えています。

以前、『¥マネーの虎』について取材を受けたとき「このような投資企画を思いついた人は、もしかしたら世界中を探せば、何人かいたかもしれませんね。でも、**この企画を番組にしようと思って、本気で動いた人は、たぶん世界中で栗原さんだけだと思います」**と言われました。

たしかに、そうかもしれません。
でも、これも**「準備ノート」があったから実現したのです。**

最初は、「準備ノート」を作ることに慣れるまで、多少時間がかかるかもしれません。

でも、完璧にやろうと思わないでください。

少しずつ、コツコツと、やっていけば良いのです。

そう思えば、気が楽になります。


少しずつ進めていけば、いつの間にかできるようになっているのが、『すごい準備』の極意です。


「準備って、そんなに大事なの？」

「準備って、地味で面倒くさそう」

と思っていた人が……


「準備って、本当は大事なんだ！」

「準備って、楽しいし、ワクワクする！」

と少しでも変わってくれたら、この本を書いて良かったと思います。

あなたが『すごい準備』のノウハウをひとつでも実践して、仕事の交渉がうまくいったり、プライベートで良い結果が出たり、あなたの人生に少しでも「プラス」になれば嬉しいです。

ただ、あなたが単なる「目先の目標」に対して「良い結果」を出すためだけに、この本を書いたわけではありません。『準備』という概念を知り、実際に行動することによって、毎日が楽しくなり、ワクワク過ごすことができることを体感してもらいたかったからです。

ひとつ、うまくいくと……またひとつ、うまくいきます。

僕自身が、今までなかなか動かなかった大きな石が動くことで、いろいろなものが動き出すことを、実際に経験できたので、それをたくさんの方々とシェアしたいと思ったからです。

人生は、ちょっとしたことがきっかけで、好転します。

それが、ある「人」との出逢いだったり、ある「本」との出逢いだったり……。

この「本」が、あなたの「人生」の役に立てれば、こんなに光栄なことはありません。

栗原　甚

「木を切り倒すのに
6時間もらえるなら、
私は、最初の4時間を
斧を研ぐことに
費やす。」

エイブラハム・
リンカーン
（政治家）

アメリカの政治家、弁護士。
イリノイ州議員、上院議員
を経て、1861年3月4
日、第16代アメリカ合衆国
大統領に就任した。

栗原 甚（くりはら・じん）

北海道札幌市出身。日本テレビ/演出・プロデューサー

「準備を制する者は、人生を制す」をモットーに、自ら考案した『すごい準備』（準備ノート、RPDサイクル、口説きの戦略図）という人生最強のメソッドを駆使して毎回、独創的かつ常識破りの企画で、視聴者を虜にする有名クリエイター。

本書では、25年のキャリアで培った「ヒットの秘密」や「相手の心を動かす技術」をはじめて明かしている。

これまで『さんま＆SMAP美女と野獣スペシャル』をはじめ、『伊東家の食卓』『ぐるナイ』『行列のできる法律相談所』『松本人志中居正広VS日本テレビ』『踊る！さんま御殿』『中居正広のザ・大年表』など、数多くのバラエティー番組を手がける。

特に企画・総合演出・プロデュースした伝説の人気番組『¥マネーの虎』は、日本で放送終了直後、海外へ輸出。現地版を製作する際には自ら世界各国へ出向き、演出・監修指導に携わる。イギリス版の『Dragons'Den』(BBC)を皮切りに、世界35ヵ国以上にフォーマット販売され、現在184の国と地域で放送されている。

アメリカ版の『SHARK TANK』は、【エミー賞CREATIVE ARTS EMMY AWARDS】のリアリティ番組部門で「最優秀作品賞」を2014年から4年連続受賞。

最近では国民的ギャグ漫画『天才バカボン』をそっくりすぎる豪華キャストで実写ドラマ化し、話題を呼んだ。

ドラマ、CM、イベント、WEBで人気連載を抱える等テレビの枠に留まらず、メディアを超えてCreativityを発揮している仕掛け人である。

Forbes Japan オフィシャルコラムニスト
Yahoo!ライフマガジンで人気企画コーナーを連載中

すごい準備
誰でもできるけど、誰もやっていない成功のコツ！

発行日　2019年 4 月 3 日　第 1 刷
発行日　2019年 5 月 8 日　第 3 刷

著者　栗原　甚

本書プロジェクトチーム

編集統括	柿内尚文
編集担当	小林英史、村上芳子
カバーデザイン	山之口正和＋谷田優里（tobufune）
カバーイラスト	ヨシタケシンスケ
本文デザイン	菊池崇＋櫻井淳志（ドットスタジオ）
本文イラスト	石玉サコ
校正	東京出版サービスセンター
DTP	G-clef
営業統括	丸山敏生
営業担当	熊切絵理
営業	増尾友裕、池田孝一郎、石井耕平、大原桂子、矢部愛、桐山敦子、綱脇愛、寺内未来子、櫻井恵子、吉村寿美子、矢橋寛子、遠藤真知子、森田真紀、大村かおり、高垣真美、高垣知子、柏原由美、菊山清佳
プロモーション	山田美恵、林屋成一郎
講演・マネジメント事業	斎藤和佳、高間裕子、志水公美
編集	舘瑞恵、栗田亘、堀田孝之、大住兼正、菊地貴広、千田真由、生越こずえ、名児耶美咲
メディア開発	池田剛、中山景、中村悟志
マネジメント	坂下毅
発行人	高橋克佳

発行所　株式会社アスコム

〒105-0003
東京都港区西新橋2-23-1　3東洋海事ビル
編集部　TEL：03-5425-6627
営業部　TEL：03-5425-6626　FAX：03-5425-6770

印刷・製本　株式会社光邦

Printed in Japan ISBN 978-4-7762-1027-6

登録するだけ!

購入者全員にプレゼント!

本書の電子版がスマホ、タブレットなどで読めます!

アクセス方法はこちら!

⇩

下記のQRコード、もしくは下記のアドレスからアクセスし、会員登録の上、案内されたパスワードを所定の欄に入力してください。
アクセスしたサイトでパスワードが認証されますと、電子版を読むことができます。

https://ascom-inc.com/b/10276

※通信環境や機種によってアクセスに時間がかかる、もしくはアクセスできない場合がございます。
※接続の際の通信費はお客様のご負担となります。